HISTOIRE

VERITABLE

ET

NATVRELLE

DES

MOEVRS ET PRODVCTIONS

DV PAYS

DE LA

NOVVELLE FRANCE,

VVLGAIREMENT DITE

LE

CANADA·

A PARIS,

Chez FLORENTIN LAMBERT, ruë
Saint Iacques, vis à vis Saint Yues,
à l'Image Saint Paul.

M. DC. LXIV.
Auec Permiſſion.

A MONSEIGNEVR

COLBERT,

CONSEILLER

du Roy en son Conseil
Royal, Intendant des Finances , & Sur-Intendant des Bastimens de sa
Majesté, Baron de Seignelay, &c.

MONSEIGNEVR,

Ayant fait vne Histoire Naturelle succinte,

EPISTRE.

mais veritable, de la Nouuelle France, qui eſt arroſée du grand Fleuue S. Laurens, & des Lacs & Riuieres qui s'y vont rendre ; i'ay creu que cét Ouurage vous eſtoit deu, Dieu vous ayant donné pour ce pays vn amour particulier, qui ſans doute ira croiſſant, lors que vous aurez eſté plus amplement informé de la bonté & de la beauté de toutes nos contrées. C'eſt le ſentiment

EPISTRE.

vous le protegerez, &
vous me permettrez de
me dire,

MONSEIGNEVR,

De la Ville des Trois-
Riuieres, en la Nouuelle-
France, le 8. Octob. 1663.

Vostre tres - humble &
tres-obeïssant seruiteur,
PIERRE BOVCHER.

á v

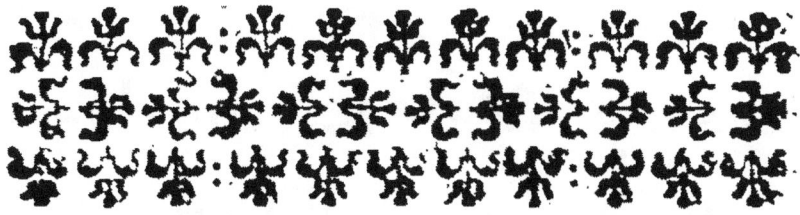

AVANT-PROPOS.

MON cher Lecteur, vous sçaurez que deux raisons m'ont porté à faire ce petit Traité. La premiere est, que i'y ay esté engagé par quantité d'honestes gens, que i'ay eu l'honneur d'entretenir pendant que i'ay esté en France, & qui ont pris vn grand plaisir d'entendre parler de ce pays icy, & de se voir desabusez de quantité de mauuaises opinions qu'ils en auoient conceu : en suite dequoy ils m'ont prié de leur enuoyer vne petite Relation du Pays de la Nouuelle France, c'est à dire ce que c'est du Pays, & ce qui s'y trouue, afin de le faire sçauoir à leurs amis. Le nombre de ceux qui m'en ont prié estant grand, ie n'aurois pû que malaisément y satisfaire ; c'est pourquoy ie me suis

resolu de faire imprimer la
presente Description , &
les prier d'y auoir recours.

La seconde raison, c'est
qu'ayant veu l'affection
que saMajesté témoignoit
auoir pour sa Nouuelle
France , & la resolution
qu'il a prise de détruire les
Iroquois nos ennemis, &
de peupler ce Pays icy; i'ay
pésé que i'obligerois beaucoup de monde , de ceux
qui auroient quelques des-
feins d'y venir, ou d'y faire
venir quelques-vns de
leursalliez, de leur pouuoir

faire connoiſtre le Pays
auant que d'y venir.

Il y a long-temps que
i'auois cette penſée, & i'at-
tendois toûjours que quelqu'vn miſt la main à la plume pour cét effet : mais
voyant que perſonne ne
s'en eſt mis en deuoir, ie me
ſuis reſolu de faire la pre-
ſente deſcription, en attendant que quelqu'autre la
faſſe dans vn plus beau ſti-
le : car pour moy, ie me
ſuis contenté de vous d'é-
crire ſimplement les cho-
ſes, ſans y rechercher le

beau langage; mais bien de
vous dire la verité auec le
plus de naïueté qu'il m'eſt
poſſible, & le plus briéve-
ment que faire ſe peut; ob-
mettant tout ce que ie
crois eſtre ſuperflu, & ce
qui ne ſeruiroit qu'à em-
bellir le diſcours.

Ie ne vous diray quaſi
rien qui n'aye déja eſté dit
par cy-deuant, & que vous
ne puiſſiez trouuer dans
les Relations des R.R. PP.
Ieſuites, ou dans les Voya-
ges du Sieur de Cham-
plain : mais comme cela

n'eft pas ramaffé dans vn
feul Liure , & qu'il fau-
droit lire toutes les Relations, pour trouuer ce que
i'ay mis icy ; ce vous fera
vne facilité , fur tout pour
ceux qui n'ont autre def-
fein que de connoiftre ce
que c'eft du pays de la
Nouuelle France , & qui
ne fe mettent pas en peine
de ce qui s'y eft paffé, ny
de ce qui s'y paffe. C'eft la
raifon pour laquelle ie n'en
parleray point , quoy qu'il
y ayt eu quelque chofe cette année de bien extraor-

dinaire , dont ie n'auois
rien veu de semblable , depuis enuiron trente ans
qu'il y a que ie suis dans ce
Pays icy; qui est vn trem-
ble-terre qui a duré plus de
sept mois , sur tout vers
Tadoussac, où il s'est fait
sentir extraordinairement;
il s'est fait là des remuë-
mens admirables. Nous en
auons eu dans les cómen-
cemens des atteintes aux
Trois-Riuieres, & mesme
iusques au Mont-Royal.
Mais ce qui est de plus ay-
mable en tous ces boule-

uerſemens, & ces ſecouſ-
ſes épouuentables ; c'eſt
que Dieu nous a tellement
conſerué, que pas vne ſeu-
le perſonne n'en a receu la
moindre incommodité. Ie
n'en diray pas dauantage,
les Peres Ieſuites en font la
Deſcription, auec tous les
effets qu'il a produit, dans
leur Relation , que vous
pourez voir auec bien plus
de plaiſir , le tout y eſtant
mieux d'écrit que ie ne le
pourois pas faire. Vous
verrez cy-apres les auanta-
ges que l'on peut tirer de

ces pays pour le temporel, ie veux dire pour les biens de la terre.

Pour le Spirituel, l'on ne peut rien desirer de plus. Nous auons vn Euesque dont le zele & la vertu sont au delà de ce que i'en puis dire : il est tout à tous, il se fait pauure pour enrichir les pauures, & ressemble aux Euesques de la primitiue Eglise. Il est assisté de plusieurs Prestres seculiers, gens de grande vertu; car il n'en peut souffrir d'autres. Les Peres Ie-

suites secondent ses des-
seins, trauaillant dans leur
zele ordinaire infatigable-
ment pour le salut des
François & des Sauuages.

En vn mot, les gens de
bien peuuent viure icy
bien contens ; mais non
pas les meschans, veu qu'ils
y sont éclairez de trop
prés : c'est pourquoy ie ne
leur conseille pas d'y venir;
car ils pourroient bien en
estre chassez, & du moins
estre obligez de s'en retirer, comme plusieurs ont
déja fait : & ce sont ceux-

là proprement qui dé-
crient fort le Pays , n'y
ayans pas rencontré ce
qu'ils penſoient.

Ie ne doute pas que ces
gens-là , qui ont eſté le re-
but de la Nouuelle France,
quand ils entendront lire
cette mienne Deſcription,
ne diſent que j'aiouſte à la
verité: & peut-eſtre encore quelques autres perſonnes diront le meſme , non
pas par malice , mais par
ignorance: Ie vous aſſeure,
mon cher Lecteur , que
i'ay veu la plus grande par-

tie de tout ce que ie dis, &
le reste ie le sçay par des
personnes tres-dignes de
foy.

Ie sçay bien que vous
trouuerez d'autres fautes,
& quantité mesme contre
l'ordre de la narration;
mais ie crois que vous me
les pardonnerez bien vo-
lontiers, quand vous con-
sidererez que ce n'est pas
mon mestier de composer;
que d'ailleurs ie n'ay fait
ce petit abregé de la Nouuelle France , que pour
obliger diuerses person-

nes, en attendant que quelque meilleure plume le
fasse plus exactement &
dans vn plus beau stile;
c'est en partie pour cela
que i'ay obmis quantité de
belles choses dignes d'vn
Lecteur curieux, & n'ay
cherché qu'à estre le plus
bref qu'il m'a esté possible,
& cependant donner à
connoistre ce qui est abso-
lument necessaire.

TABLE
DES CHAPITRES,

HISTOIRE
NATVRELLE
DE
CANADAS.

De la Nouuelle-France en general.

CHAPITRE PREMIER.

ARLANT de la Nou-
uelle-France en gene-
ral, ie peux dire que
c'est vn bon Pays, &
qui contient en soy vne bonne
partie de ce que l'on peut de

A

rer. La terre y est tres-bonne,
y produit à merueille, & n'est
point ingratte ; Nous en auons
l'experience. Le Pays est couuert
de tres-belles & épaisses forests,
lesquelles sont peuplées de quantité d'Animaux, & de diuerses es-
peces ; & ce qui est encor plus
considerable, c'est que lesdites forests sont entre-coupées de grandes & petites riuieres de tres-bon-
nes eaux, auec quantité de sour-
ces & belles fontaines ; de grands
& petits lacs , bordez aussi-bien
que les riuieres de belles & grandes prairies, qui produisent d'aussi bonnes herbes qu'en France:
Dans ces lacs & riuieres , il s'y
trouue grand nombre de toutes
sortes de Poissons, tres-bons &
delicats ; Il s'y rencontre aussi
grande quantité de Gibier de riuiere : le Pays est fort sain ; les

Animaux qu'on amene de France fe nourriffent fort bien; on y void plufieurs plantes rares qui ne fe trouuent point en France; il y a peu de plantes qui foient nuifibles à l'homme; & au contraire, il y a beaucoup de fimples qui ont des effets merueilleux. Il y a auffi peu d'Animaux mal-faifans: on a découuert des fontaines d'eau falée, dont l'on peut tirer de tresbon fel, & d'autres qui font Mineralles. Il y en a vne au Pays des Iroquois, qui jette vne eau graffe, qui eft comme de l'huile, & dont on fe fert en beaucoup de chofes au lieu d'huile. Il y a auffi plufieurs mines, à ce que l'on dit: ce dont ie fuis affeuré, c'eft qu'il y en a de fer & de cuiure en plufieurs endroits; diuerfes perfonnes dignes de foy m'ont affeuré qu'il y en a vne de plomb fort

abondante, & qui n'eſt pas bien
loin de nous : mais comme c'eſt
ſur le chemin par où paſſent nos
Ennemis, on n'a encore ozé y aller pour en faire la découuerte:
Les climats y ſont differens ſelon
les lieux ; mais ie puis rouſiours
dire en gros, qu'aux lieux les plus
froids , l'Hyuer y eſt plus guay
qu'en France. Ie donneray vne
plus parfaite connoiſſance,quand
ie traitteray de chaque choſe en
particulier, comme j'eſpere faire
pour la ſatisfaction du Lecteur.

La Nouuelle-France eſt vn tres-
grand Pays, qui eſt coupé en deux
par vn grand fleuue nommé le
Fleuue ſaint Laurens : Son emboucheure commence à Gaſpé, &
a cinquante lieuës de large : pour
ſa longueur,nous n'en ſçauons autre choſe , ſinon qu'il prend ſon
origine du lac des Hurons, autre-

ment appellé la Mer-douce, que l'on tient auoir enuiron trois cens lieuës de contour ; de sorte qu'il se trouue que depuis Gaspé jusques audit lac, il y a prés de cinq cens lieuës, par le circuit qu'elle fait.

Dans cedit lac ou mer-douce, se décharge vn autre lac appellé le lac Superieur, lequel ne luy cede gueres, selon le rapport qui nous en a esté fait par les Sauuages de ces Pays-là, & mesme par des François qui en sont venus depuis peu.

Tout ce grand Pays nous demeure inconnu, à cause de la guerre des Iroquois, qui nous empeschent d'en faire la découuerte, comme il seroit souhaitable.

Il est vray que ce Pays de la Nouuelle-France a quelque chose d'affreux à son abord : car à voir

l'Isle de Terre-neufve, où est Plai-
sance, les Isles Saint Pierre, le Cap
de Baye, l'Isle Saint Paul, & les autres Terres de l'entrée du Golfe,
tout cela donne plus d'effroy &
d'enuie de s'en éloigner, que de
desir d'y vouloir habituer ; c'est
pourquoy ie ne m'estonne pas si
ce Pays a demeuré si long-temps
sans estre habitué. Ie trouue, apres
tout consideré, qu'il ne luy manque que des Habitans. C'est la raison qui m'a obligé à faire ce petit
Traité, pour informer auec verité
tous ceux qui auroient de l'incli-
nation pour le Pays de la Nouuelle-France , & qui auroient quelques volontez de s'y venir habituer, & pour oster la mauuaise opi-
nion que le vulgaire en a, & que
mal-à-propos on menace d'enuoyer les garnemens en Canadas
comme par punition ; vous asseu-

rant que tout au contraire, il y a
peu de perſonnes de ceux qui y
ſont venus, qui ayent aucun deſſein de retourner en France, ſi
des affaires de grande importance
ne les y appellent ; & ie vous diray
ſans déguiſement, que pendant
mon ſejour à Paris & ailleurs l'année precedente, j'ay fait rencontre
de pluſieurs perſonnes aſſez à
leur aiſe, qui auoient eſté par cy-
deuant Habitans de noſtre Canada, & qui s'en eſtoient retirez à
cauſe de la guerre, leſquels m'ont
aſſeuré qu'ils eſtoient dans vne
grande impatience d'y reuenir :
tant il eſt vray que la Nouuelle-
France a quelque choſe d'at-
trayant pour ceux qui en ſçauent
gouſter les douceurs.

Pour vous rendre la ſuitte de ce
Traitté plus intelligible, ie vous
diray la diſtance qui ſe trouue de

A iiij

lieux à autres qui font habitez,
ou qui font remarquables pour
leur Havres, ou pour autres chofes.

Nous lairons donc toute l'entrée du Golfe, dont j'ay parlé cy-
deffus, comme d'vn Pays qui ne
vaut pas la peine qu'on en écriue
rien; Nous dirons feulement que
depuis l'Ifle Percée jufques à Gafpé, il y a fept lieuës, de Gafpé à
Tadoulfac quatre - vingt trois
lieuës ; de Tadouffac iufques à
Quebec, trente lieuës ; de Quebec
iufques aux trois Riuieres trente
lieuës, des trois Riuieres au mont-
Royal trente lieuës, des trois Riuieres iufques aux Iroquois d'en-
bas, nommez Anieronnons, qui
font proche de la Nouuelle-Hol-
lande, il y a enuiron quatre-vingt
lieuës ; du mont-Royal iufques
aux Iroquois du milieu, nom-

mez Onnontagueronnons, il y a pareillement enuiron quatre-vingt lieuës : du mont-Royal iusques au Pays où demeuroient autrefois les Hurons , il y a deux cens lieuës : tout ce grand fleuue & ces grands lacs sont remplis de belles Isles de toute sorte de grandeurs.

La grande Riuiere vient du Couchant au Leuant. L'eau en est salée iusques au Cap Tourmente, qui est sept lieuës au dessous de Quebec ; l'on compte de Quebec sur le grand Banc de Terre-neufve, où l'on va pescher les Moluës, trois cens lieuës.

Aux enuirons de l'Isle Percée, il se trouue grand nombre d'huitres en écailles, qui sont parfaitement bonnes. Il y a aussi en ces quartiers-là vn costeau de charbon de terre ; il y a pareillement

vn peu plus deça vne Platriére ; il
me refte à vous dire par quelle
hauteur font nos habitations,
pour vous rendre le tout plus intelligible.

Vous fçaurez donc que Gafpé
eft par les quarante-neuf degrez
& dix minuttes ; Tadouffac par
les quarante-huit degrez & vn
tiers ; Quebec par les quarante-fix
trois quarts ; les trois Riuieres par
les quarante-fix ; Mont-Royal
par les quarante-cinq ; les Irro-
quois du Milieu, où on auoit habitué cy-deuant , nommez Onnontagueronnons , par les qua-
rante-deux & vn quart.

Briefue description de Que-bec, & de quelques-autres lieux.

CHAPITRE SECOND.

COmme ie feray obligé dans la fuitte de mon difcours, de parler fouuent de Quebec, qui eft la principale habitation que nous ayons en la Nouuelle-France, & le lieu qui a efté le premier habité par les François ; I'ay creu qu'il eftoit à propos que j'en fiffe dés le commencement vne groffiere defcription, afin de donner plus d'intelligence au Lecteur.

Quebec eft donc la principale habitation où refide le Gouuerneur General de tout le Pays, il y a vne bonne forterefse & vne bon-

ne garnifon : comme auffi vne
belle Eglife qui fert de Paroiffe,
& qui eft comme la Cathedrale de
tout le Pays : le Seruice s'y fait
auec les mefmes ceremonies que
dans les meilleures Paroiffes de
France ; c'eft auffi dans ce lieu que
refide l'Euefque. Il y a vn College
de Iefuites, vn Monaftere d'Vrfe-
lines qui inftruifent toutes les petites filles, ce qui fait beaucoup
de bien au Pays ; auffi bien que le
College des Iefuites pour l'inftru-
ction de toute la jeuneffe dans ce
Pays naiffant. Il y a pareillement
vn Conuent d'Hofpitalieres, qui
eft vn grand foulagement pour les
pauures malades. C'eft dommage
qu'elles n'ont dauantage de reuenu. Quebec eft fitué fur le bord
du grand fleuue faint Laurens, qui
a enuiron vne petite lieuë de large
en cét endroit-là, & qui coule en-

tre deux grandes terres éleuées;
cette forterefse, les Eglifes & les
Monafteres, & les plus belles maifons, font bafties fur le haut; plufieurs maifons & magazins font
baftis au pied du cofteau, fur le
bord du grand Fleuue, à l'occafion des Nauires qui viennent juf-
ques-là; car c'eft là le terme de la
Nauigation pour les Nauires; l'on
ne croit pas qu'ils puiffent pafser
plus auant fans rifque.

Vne lieuë au deffous de Quebec la riuiere fe fepare en deux, &
forme vne belle Ifle, qu'on appelle
l'Ifle d'Orleans, qui a enuiron dix-
huit lieuës de tour, dans laquelle
il y a plufieurs Habitans : les terres y font fort bonnes; il y a auffi
quantité de prairies le long des
bords.

Quebec eft bafty fur le roc; &
en creufant les caues, on tire de la

pierre dequoy faire les logis; tou-
resfois cette pierre n'est pas bien
bonne , & elle ne prend pas le
mortier : c'est vn espece de mar-
bre noir ; mais à vne lieuë de là,
soit au dessus ou au dessous, on en
trouue qui est parfaitement bonne sur le bord dudit fleuue , qui se
taille fort bien. On trouue dans
Quebec de la pierre à chaux , &
de la terre grasse pour faire de la
brique , paué , thuile, & autres
choses semblables; quatre ou cinq
cens pas au dessous de la forteres-
se, la terre est coupée par vne belle
riuiere , nommée la riuiere sainct
Charles, qui a prés d'vne lieuë de
large en sa décharge dans la grande riuiere , quand la marée est
haute ; car de marée basse , elle est
presque toute à sec , ce qui est vne
belle commodité pour bien prendre du poisson , qui est vn bon ra-

fraîchiffement aux Habitans de ce
lieu-là; fur tout, le Printemps qu'il
s'y pefche vne infinité d'alozes. Au
deffous de cette riuiere, le pays
deuient plat, & eft habité jufques
à fept lieuës en bas; les marées y
font parfaitement reglées, elles
defcendent fept heures, & montent cinq, & chaque fois retar-
dent de trois quarts d'heure.

Quebec eft fitué du cofté du
Nort, & eft habitué affez auant
dans les terres, qui s'y font trou-
uées bonnes : Il eft habitué auffi
trois lieuës en montant; mais les
terres n'y font pas fi bonnes: comme pareillement du cofté du Sud,
les terres quoy que bonnes, y
femblent vn peu plus ingrates.

La pefche eft abondante en tous
ces quartiers-là de quantité de
fortes de poiffons, comme Eftur-
geons, Saumons, Barbuës, Bar,

Alozes,& plusieurs autres : mais ie
ne puis obmettre vne pesche d'anguille qui se fait en Automne, qui
est si abondante, que cela est in-
croyable à ceux qui ne l'ont pas
veu. Il y a tel homme qui en a pris
plus de cinquante milliers pour sa
part. Elles sont grosses & grandes,
& d'vn fort bon goust, meilleures
qu'en France de beaucoup, on en
sale pour toute l'année qui se con-
seruent parfaitement bien, & sont
d'vne excellente nourriture pour
les gens de trauail.

La chasse nest pas si abondante
à present proche de Quebec, comme elle a esté : le Gibier s'est retiré à dix ou douze lieuës de là. Il
reste seulement des Tourterelles
ou des Biseaux qui sont icy en a-
bondance tous les Estez, il s'en tuë
jusques dans les Iardins de Quebec, & des autres habitations ; el-

les durent feulement quatre mois
de l'année.

· On y feme de toutes fortes de
chofes, tant dans les champs que
dans les jardins, tout y venant fort
bien, comme ie diray cy-apres,
nonobftant la longueur de l'Hyuer.

· Puifque ie fuis tombé fur l'Hyuer, ie diray vn petit mot en paffant des Saifons : on n'en compte
proprement que deux, car nous
paffons tout d'vn coup d'vn grand
froid à vn grand chaud, & d'vn
grand chaud à vn grand froid ;
c'eft pourquoy on ne parle que
par Hyuer & Efté ; l'Hyuer commence incontinent apres la Touf-
faints ; c'eft à dire les gelées, &
quelque-temps apres les neiges
viennent, qui demeurent fur la
terre jufques enuiron le quinzié-
me d'Auril pour l'ordinaire : car

quelquesfois elles font fonduës
pluftoft, quelquesfois auffi plus
tard; mais d'ordinaire, c'eft dans
le feiziéme que la terre fe trouue
libre & en eftat de pouffer les
plantes & d'eftre labourée.

Dés le commencement de May,
les chaleurs font extrémement
grandes, & on ne diroit pas que
nous fortons d'vn grand Hyuer:
cela fait que tout auance, & que
l'on void en moins de rien la terre
parée d'vn beau verd: & en effet,
cela eft admirable, de voir que le
bled qu'on feme dans la fin d'A-
uril, & jufques au vingtiéme de
May, s'y recueille dans le mois de
Septembre, & eft parfaitement
beau & bon: & ainfi toutes les autres chofes auancent à propor-
tion; car nous voyons que les
choux pommez, qui fe fement icy
au commencement de May, fe re-

plantent dans le vingt ou vingt-
quatriéme de Iuin, se recueillent
à la fin d'Octobre,& ont des pommes qui pezent des quinze à seize
liures.

Pour l'Hyuér, quoy qu'il dure
cinq mois, & que la terre y soit
couuerte de neiges, & que pendât
ce temps le froid y soit vn peu as-
pre , il n'est pas toutesfois desa-
greable : c'est vn froid qui est
guay, & la pluspart du temps ce
sont des iours beaux & serains, &
on ne s'en trouue aucunement in-
commodé : on se promene par
tout sur les neiges, par le moyen
de certaines chausseures faites par
les Sauuages , qu'on appelle Ra-
quettes, qui sont fort commodes.
En verité , les neiges sont icy
moins importunes , que ne sont
les bouës en France.

Les Saisons ne sont pas égales

par tout le Pays : aux trois Riuieres il y a prés d'vn mois moins
d'Hyuer : au mont-Royal enuir-
ron ſix ſemaines, & chez les Iroquois il n'y a qu'emuiron vn mois
d'Hyuer. Quebec , quoy que
moins fauorable pour les ſaiſons
& pour l'aſpect du lieu qui n'a pas
tant d'agrément , a toutefois vn
tres-grand auantage à cauſe du
nombre d'Habitans , & qu'il eſt
l'abord des Nauires qui viennent
de France.

Tadouſſac, eſt vn lieu où les
Nauires abordoient autrefois, &
où ils faiſoient leurs décharges
auant qu'on ozaſt les faire monter juſques à Quebec : tout ce
qu'il y a de conſiderable, c'eſt vne
belle anſe en cul de ſac, où les Nauires ſont bien à l'abry , l'anſe y
eſtant profonde & de bon an-
crage.

Il y a vne belle riuiere nommée
de Saguené , qui paſſe tout à trauers : on y a fait baſtir vne Chap-
pelle , vn Magazin , & vne petite
Fortereſſe , à l'occaſion de plu-
ſieursSauuages qui y paſſét l'Eſté:
mais il n'y a perſonne qui y ha-
bite , le Pays n'eſtant pas propre,
tant pour les terres que pour la
ſaiſon , quoy que la peſche y ſoit
fort bonne.

Mais diſons vn mot de l'habitation des trois Riuieres : c'eſt vn
fort beau Pays à voir , vn Pays
plat , point montagneux , qui a
de fort beaux bois : pluſieurs riuieres & lacs entrecoupent ſes terres,
qui ſont toutes bordées de belles
prairies;ce qui fait qu'il y a quantité d'Animaux , & ſur tout des
Elans , Caribous , & Caſtors , &
tres-grand nombre de Gibier &
de Poiſſon.

Les terres que l'on a commencé
à deſerter ſont ſablonneuſes, mais
qui ne laiſſent pas de produire à
mcrueille, eſtant vn ſable gras au
deſſus. On s'eſt baſty ſeulement
du coſté du Nort.

Il y a comme deux habitations
ſeparées par vne groſſe riuiere, on
l'appelle les Trois-Riuieres, à cauſe qu'eſtant entrecoupée par des
Iſles, elle fait comme trois riuieres
en ce lieu-là, qui vient de dedans
les terres du coſté du Nort.

Mont-Royal, qui eſt la dernie-
re de nos habitations Françoiſes,
eſt plus auancée dans les terres. Elle eſt ſituée dans vne belle grande
Iſle nommée l'Iſle du môt-Royal,
les terres y ſont fort bonnes. C'eſt
terre noire ou pierreuſe, qui produit du grain en abondance : tout
y vient parfaitement bien ; mais
ſur tout les melons & les oignons:

la pesche & la chasse y est tres-
bonne : tout le Pays d'alentour est
parfaitement beau , & tant plus
l'on monte en haut du costé des Ir-
roquois, plus le Pays y est agreable : c'est vn Pays plat, vne forest
où les arbres sont gros & hauts extraordinairement: ce qui monstre
la bonté de la terre, ils y sont clairs
& point embarassez de petit bois :
ce seroit vn Pays tout propre à
courir le Cerf, dont il y a abondance, s'il y auoit en ce Pays des
Habitans qui eussent des cheuaux
pour cela, & que l'Iroquois eust
esté vn peu humilié , ou pour
mieux dire dompté : la pluspart
de ces arbres sont des chesnes.

Mais ne nous amusons pas si
long-temps sur les chemins, & en-
trons tout d'vn coup dans le grand
lac des Iroquois, apres auoir pas-
sé au trauers de plus de deux cens

Ifles qui font à l'entrée, dont les deux tiers ne font que prairies, & l'autre tiers, des rochers en pain de fucre. Laiffons à droit & à gauche, & dans les Ifles, vn grand nombre de beftes qu'on y rencontre, qui font quelquesfois plus de cinq cens tout d'vne bande.

Ce Pays des Iroquois dont ie veux parler, & qui eft fur le bord de noftre grand Fleuue, puifqu'il paffe au trauers de leur grand Lac, eft vn fort bon Païs & bien agreable : la terre en eft parfaitement bonne, & la meilleure que l'on puiffe rencontrer ; ainfi qu'on peut juger par les arbres. Il ne s'y rencontre quafi point de fapinieres, mais au contraire rien que beaux bois, qui font chefnes, chaftagniez, noyers, heftres, bois blāc, meuriers, & quantité d'autres beaux arbres dont nous n'auons point

point de cónoiſſance en ces quartiers, ce qui eſt cauſe que ie n'en
ſçay point les noms ; Les arbres
fruitiers ſont plus en abondance.
Comme auſſi la chaſſe des beſtes
fauues, & du Gibier. Il y a pluſieurs fontaines d'eau ſalée, dont
l'on fait de tres-beau & bon ſel.
La quantité des prairies eſt admirable : & les quatre Saiſons y ſont
comme en France, ſinon que l'Hyuer n'y eſt pas ſi long ; la peſche y
eſt abondante, ſur tout de Sau-
mon, Eſturgeon, Barbuë, & Anguille, dont il y a des quantitez
prodigieuſes : tous ces grands
Pays-là ſont de meſme.

Ie ne parleray point du pays des
Hurons, puiſqu'il eſt abandonné,
tant des François que des Sauuages, qui ont eſté obligez de le quit-
ter, à cauſe des Iroquois : le Pays
eſt tres-beau & bon, preſque tout

deferté comme en France, fitué
fur le bord du grand Lac, qui a
trois cens lieuës de circuit, & qui
eft remply d'vn nombre infiny
d'Ifles de toutes façons, beau bois,
bonne terre, abondance de chaffe
& de pefche en toute faifon, l'Hyuer y dure quatre mois. I'y ay veu
vne pefche qui eft fort agreable,
qui fe fait auffi-bien l'Hyuer fous
les glaces, que pendant l'Efté; c'eft
celle du Haran dont il y a abondance. Ce qui eft encor de beau à
voir en ce Pays-là, ce font plufieurs petits lacs d'vne lieuë & de
deux lieuës de tour, qui fe voyent
au milieu de ces terres deffrichées,
bordées de prairies tout à l'entour, & en fuitte d'vn petit bois,
d'où fortent quantité de Cerfs qui
viennent paiftre; de forte qu'allant à l'affuft, on ne peut manquer
de faire coup; & à la faifon vous

les voyez tous chargez de Gibier
de riuiere. Les Coqs-d'Indes &
autres oyſeaux ſe trouuent dans
les champs. Mais ie ne vous veux
& ie ne puis pas faire la deſcription de tous les beaux lieux de
ces Pays-là , ny des commoditez
qui s'y rencontrent , & eſtre bref
comme ie pretens.

*Deſcription des Terres dont
nous auons connoiſſance.*

CHAPITRE III.

IE crois qu'il n'eſt pas hors de
propos de vous faire icy vne
petite deſcription des Terres dōt
nous auons coñnoiſſance , comme
elles ſont differentes en diuers
lieux , ſoit pour la forme , la bonté & la nature de la terre.

Ie ne vous parleray point des premieres qu'on rencontre venant de France, puis qu'elles ne valent pas la peine que l'on en parle, en comparaison des autres: à proprement parler, ce ne font pas des terres, mais de grands rochers horribles à voir.

Depuis l'Ifle Percée, qui eft l'emboucheure du fleuue, jufques vis-à-vis de Tadouffac du cofté du Sud, que les Nauires frequentent quand ils montent à Quebec, toutes les terres paroiffent hautes, & la plufpart grandes montagnes : c'eft ce qui a donné le nom aux Monts Noftre-Dame, qui tiennét vne partie de ce chemin-là; & l'on dit qu'ils ne font quafi iamais découuerts de neige, & par confequent inhabitables : ce n'eft pas qu'il n'y ait entre lefdites Montagnes & le bord du grand Fleuue,

quatre, cinq, & quelquefois huit
lieuës de plat-pays, & que tout ce
pays ne soit coupé d'espace en espace par de belles riuieres. Ie le
juge toutefois fort mal-propre
pour estre habité, sinon Gaspé que
j'estime fort propre à faire vne
habitation ; c'est vne Baye qui entre dans les terres assez auant, &
qui fait vn bassin propre à mettre
des Nauires à l'abry.

Dans le fond de la Baye, les terres paroissent fort propres à habiter. D'ailleurs, il y a grande pesche de Moluë en ces quartiers-là.

Il y a aussi trois autres beaux Havres dix ou douze lieuës au dessous ; sçauoir l'Isle Percée, Bona-
uenture, & Miscou, où toutes les
années des Nauires vont à la pesche de la Moluë en tous ces Havres. Ce seroit vn lieu tres-propre
pour auoir correspondance auec

Quebec, puis qu'on y va facilement auec des Barques & des Cha-
louppes.

Là au droit se voit l'Isle d'Anti-
costi, dont ie ne vous parleray pas
n'y ayant point esté, seulement ay-
je ouy dire que c'estoit vne fort
belle terre, aussi-bien que la coste
du Nort, depuis Tadoussac descendant en bas, dans laquelle on rencontre quantité de belles riuieres,
bien profondes & grandement
poissonneuses ; mais sur tout, abõ-
dantes en Saumons ; il y en a des
quantitez prodigieuses, selon le
raport que m'en ont fait ceux qui
y ont esté.

Depuis Tadoussac jusques à
sept lieuës proche de Quebec, que
l'on nomme le Cap-Tourmente,
le Pays est tout à fait inhabitable,
estant trop haut, & tout de roche,
& tout à fait escarpé. Ie n'y ay re-

marqué qu'vn feul endroit, qui eft
la Baye faint Paul, enuiron fur la
moitié du chemin , & vis-à-vis
l'Ifle aux Coudres, qui paroift fort
belle lors qu'on y paffe , auffi-bien
que toutes les Ifles qui fe trouuent
depuis Tadouffac jufques à Quebec, lefquelles font toutes propres
à eftre habitées. Ie n'en fais point
de defcription en particulier ,
n'ayant deffein que de vous donner vne briefue connoiffance de
tout le Pays , & de quelques lieux
principaux.

  La cofte du Sud depuis Tadouffac jufques à Quebec eft fort belle,
& vne terre plus baffe & qui paroift par les arbres dont elle eft
chargée, eftre fort bonne. Il y a
plufieurs belles riuieres toutes
remplies de poiffons & de gibier
dans la faifon : il fe trouue de belles prairies le long de la cofte, ce

qui fait qu'il y a quantité de beftes fauues.

Depuis Quebec jufques aux trois-Riuieres du mefme cofté du Sud, les terres font aiſez belles, & il y a d'aſſez beau bois ; mais elles font éleuées jufques à fix ou fept lieuës au deſſous des trois-Riuieres, où elles commencent à eftre baſſes, belles, vnies : & cela continuë jufques dans le pays des Iroquois. Ces terres font parfaitement bonnes, entrecoupées de riuieres, garnies de lacs par endrois. Quantité de prairies fe rencontrent non feulement le long du fleuue, à l'entour des lacs dans ces petites riuieres, mais encore dans les terres : ce qui fait que la chaſſe y eft abondante, tant d'Oyſeaux que d'Animaux.

Du cofté du Nort depuis le Cap-Tourmente, qui eft fept lieuës plus

bas que Quebec, jusques au Cap-
Rouge, qui est trois lieuës au dessus;cela est habité le long du grand
Fleuue: depuis le Cap-Rouge jufques à la riuiere sainte Anne, qui
font enuiron dix-sept lieuës de
Pays en montant, les terres y sont
assez belles ; mais l'abord n'en est
pas si agreable, à cause que la plufpart de la coste est pierreuse. Il ne
laisse pas de s'y trouuer de belles
riuieres , & des prairies par endroits. Depuis la riuiere sainte
Anne jusques aux trois-Riuieres,
qui contient enuiron dix lieuës de
pays,les terres y sont tres-belles &
hasses;le bordage le long du grand
Fleuue est sable ou prairies ; les forests y sont tres-belles & bien-aisées à défricher.

Depuis Quebec jusques aux
trois-Riuieres,il n'y a point d'Isles,
sinon deux petites d'enuiron vne

B v

lieuë de tour chacune, & qui sont
proche de la terre-ferme du costé
du Nort ; elles se nomment l'Isle
sainte Anne, & l'Isle saint Eloy.

Depuis les trois-Rivieres jusques au mont-Royal ; il y en a
quantité & de fort belles, & la
pluspart n'ont pas encore de nom ;
quelques-vnes des principales
s'appellent l'Isle saint Ignace, au-
prés de laquelle il y en a prés d'v-
ne vingtaine, que l'on appelle les
Isles de Richelieu. Ie ne diray rien
de leurs beautez, ny de la grande
chasse & pesche qui s'y rencontre ;
ie serois trop long si à tous les endroits j'en voulois faire vne dedu-
ction ; ie me contenteray seulement de dire que les prairies sont
abondantes.

Il croist dans les bois vne quantité prodigieuse d'ortyes propres
à faire du chanvre ; les Sauuages,

Hurons & Iroquois s'en feruent pour faire diuers ouurages, comme des facs, rets, colliers & armures ; il s'en trouue grande quantité en beaucoup d'endroits de ce Pays icy.

En fuite fe void d'autres Ifles, qu'on nomme les Ifles Bouchard ; plus haut font les Ifles faint Iean, en fuite les Ifles Percées, l'Ifle de fainte Therefe, l'Ifle faint Paul, & plufieurs autres qui n'ont point encore de nom, toutes tres-belles & bien commodes pour eftre habitées, & qui d'ailleurs font abondâtes en chaffe, pefche, & prairies.

Suiuant la cofte du Nort, le Pays eft tres-beau, & tout le long du fleuue fe font prairies ; beaucoup de petites riuieres arroufent ces terres.

La riuiere des Prairies eft vne grande riuiere qui fe joint au fleu-

ue saint Laurent six lieuës au dessous de l'habitation de mont-
Royal, vingt-quatre lieuës au dessus des trois-Riuieres ; l'on prend
cette riuiere pour aller au pays
des Hurons, quoy que le chemin
en soit beaucoup plus long & plus
mal-aisé que l'autre, pour éuiter
les Iroquois qui habitent sur le
bord du grand lac qu'on appelle
le lac des Iroquois, par où passe
cette grande riuiere.

Ie ne feray point la description
des Terres qui se rencontrent des
deux costez de cette riuiere qui
tire au Nort, veu qu'il est mal-aisé
d'y pouuoir habiter à cause des
sauts ou cascades d'eaux qui s'y
rencontrent, qui empeschent la
riuiere d'estre nauigable à d'autres bastimens qu'aux petits Vais-
seaux dont se seruent nos Sauuages, qui peuuent estre transportez

d'vn lieu à vn autre, sans autre
machine que les épaules d'vn hõ-
me, ou de deux au plus. C'est bien
dommage ; car il y a de tres-beaux
Pays, & qui meriteroient bien d'ê-
tre habitez : mais sur tout, vn endroit appellé la petite Nation, qui
est enuiron vingt ou trente licuës
au dessus du mont-Royal, & qui
contient presque vingt licuës de
pays le long du fleuue, le plus beau
qui se puisse voir pour vn Pays
non-habité ; car les Iroquois en
ont chasé les Sauuages qui y ha-
bitoient. C'est vn beau bois remply de petits lacs & de prairies,
auec vn fort grand nombre de petites riuieres : tout cela si plain de
chasse & de pesche, qu'il n'est pas
croyable : mais ce qui est le plus
admirable, c'est le grand nombre
de bestes fauues qui s'y rencontre ;
car ie sçay qu'il y a eu de nos

François qui en descendant des Hurons , ont fait rencontre de bandes de ces animaux , qu'on appelle icy Vaches sauuages, qui sont proprement de grands Cerfs, où ils estimoient qu'il y en auoit bien huit à neuf cens, sans parler des vrais Cerfs, des Ours, Elans, Castors, Loutres, Rats musquez , & plusieurs autres sortes d'animaux: mais la porte en est fermée , par vn grãd sault qui a pour le moins trois lieuës de long : quand ie dis fermée, c'est pour le present ; car quand le Pays sera habité , & que les Iroquois seront soubmis , on trouuerra bien l'inuention de s'en rendre l'entrée facile : & puis on ne mãque pas de beaux lieux à habiter , qui ne peuuent pas estre occupez d'icy à bien long-temps. En voila ce me semble assez pour cõnoistre le Pays; disons seulement vn petit mot du terroir : il s'y trouue de la terre-glaise par endroits. La terre est noire, sablonneuse, rouge, pierreuse en d'autres endroits ; mais toutes sont assez fertiles : & pour preuue de cela, ie feray le Chapitre suiuant des arbres qu'elle produit.

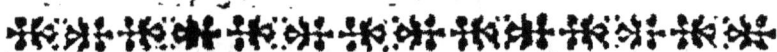

✠❀✠ ✠❀✠ ✠❀✠ ✠❀✠ ✠❀✠ ✠❀✠ ✠❀✠

Des Arbres qui croissent dans la Nouuelle-France.

CHAPITRE IV.

IE vois bien que le Lecteur curieux demande desia quels sortes d'arbres croissent dans ces grandes forests, & si ce sont tousiours les mesmes par tout ; à quoy sont-ils bons ? S'en peut-on seruir à quelques choses ? Sont-ils gros ?

Sont-ils hauts ? Le bois est-il sain ?
A toutes ces questions, mon cher
Lecteur, ie vous y répondray, vous
en faisant la description la plus
naïsue que ie pourray, & auec
toute la sincerité possible, tâchant
de fuyr toutes exagerations, comme j'ay fait, & comme j'espere de
faire dans tout le reste de mon dis-
cours : en suitte vous jugerez à
quoy ils sont propres, & ce qu'on
en pourra faire. Ie n'y garderay
point d'ordre : ie les nommeray
comme ils me viendront en la me-
moire ; ie commenceray par vn,
qui est le plus vtile icy, que l'on
nomme Pin, qui n'apporte pas de
fruit comme ceux de l'Europe ; il
y en a de toutes grosseurs & grandeurs ; ils viennent ordinairement
de la hauteur de cinquante à soi-
xante pieds, sans branches : l'on
s'en sert pour faire de la planche,

qui eft fort belle & bonne ; & l'on
dit que ces arbres feroient bien
propres à faire des mafts de Nauires. Il s'en trouue d'affez menu &
haut pour cêt effet : ces arbres
font fort droits : il y a de grands
Pays qui n'en portent point : mais
les lieux où ils naiffent font appellez Pinieres.

Ces arbres rendent quantité de
gomme ; les Sauuages s'en feruent
pour brayer leurs canots, & on
s'en fert heureufement pour les
playes, où cette gomme eft fort
fouueraine.

Il croift auffi des Cedres, le bois
en eft fort tendre, il a la fueille
platte, & le bois eft quafi comme
incorruptible : c'eft pourquoy on
s'en fert icy pour faire les cloftu-
res des jardins, & les poutres des
caues : il fent affez bon ; mais d'ordinaire les arbres ne fôt pas fains :

cependant il s'en trouue plusieurs gros qui pourroient seruir à faire du meuble : il rend vne gomme, qui estant brûlée, a vne tres-bonne odeur comme de l'encent. Ie ne sçache pas qu'elle aye d'autre qualité.

Il y a des sapins comme en France: toute la difference que j'y trouue, c'est qu'à la pluspart il y vient des bubons à l'écorce, qui sont remplis d'vne certaine gomme liquide qui est aromatique, dont on se sert pour les playes comme de baûmes, & n'a pas gueres moins de vertu, selon le raport de ceux qui ont fait l'experience : on en dit plusieurs autres choses, mais ie laisse cela aux Medecins.

Il y a vne autre espece d'arbre, qu'on nomme Epinette:c'est quasi comme du sapin, sinon qu'il est plus propre à faire des masts de

petits Vaiſſeaux , comme de cha-
louppes & barques, eſtant plus fort
que le ſapin. Ie parle de l'Eſpinette
verte : car il y en a deux ſortes ;
l'vne verte , & l'autre rouge.

L'Epinette rouge eſt d'vn bois
plus ferme & plus peſant , & fort
propre à baſtir ; elle ſe dépoüille
de ſes fueilles en Automne, & les
reprend au Printemps : ce qui
n'arriue point aux autres ſapinages. L'eſcorce en eſt rouge ; il ne
rend point quaſi de gomme ; tout
au contraire de l'Epinette verte
qui en a quantité.

Il y a encore vne autre eſpece
que l'on appelle Pruſſe ; ce ſont
ordinairement de gros arbres qui
ont trente ou quarante pieds de
haut ſans branches : ils ont vne
groſſe écorce & rouge : ce bois ne
pourrit pas ſi facilement que les
autres; c'eſt pourquoy on s'en ſert

ordinairement pour baſtir. Ce qu'il y a de mal dans ce bois, c'eſt qu'il s'en trouue quantité de roüillé, ce qui le fait rebuter. De celuy-là il en vient par tout, en bonne & mauuaiſe terre ; il ne produit point de gomme.

Il faut remarquer que tous les ſapinages ne croiſſent que dans des lieux humides, à la reſerue des Pins & Pruſſes, qui viennent auſſi bien aux lieux ſecs qu'aux lieux humides.

Il y a vne autre eſpece d'arbre, qu'on appelle Herable, qui vient fort gros & haut : le bois en eſt fort beau, nonobſtant quoy on ne s'en ſert à rien qu'à brûler, ou pour emmancher des outils, à quoy il eſt tres-propre, à cauſe qu'il eſt extremémét doux & fort. Quand on entaille ces Herables au Printéps, il en dégoute quantité d'eau, qui

eſt plus douce que de l'eau dé-
trempée dans du ſucre ; du moins
plus agreable à boire.

L'arbre appellé Meriſier, deuient
gros & haut, bien droit. Son bois
ſert à faire du meuble, & à monter des armes. Il eſt rouge dedans,
& eſt le plus beau pour les ouurages qu'il y ait en ces quartiers. Il
ne porte aucun fruit.

On l'a nommé Meriſier, parce
que ſon écorce eſt ſemblable aux
Meriſiers de France.

Il y a auſſi du bois de heſtre, fort
beau & bon, qui porte de la fayne
comme en France : mais l'on ne
s'en ſert qu'à brûler.

Il ſe trouue de deux ſortes de
cheſnes ; l'vn eſt plus poreux que
l'autre. Le poreux eſt propre pour
faire du meuble, & autre trauail
de menuzerie & de charpente :
l'autre eſt propre à faire des vaiſ-

ſeaux pour aller ſur l'eau : ces arbres viennent hauts , gros , &
droits , & ſur tout vers le Mont-
Royal.

Il y a auſſi de deux ſortes de
Freſne , l'vn appellé franc-Freſne ,
& l'autre Freſne baſtard : Ces arbres viennent bien hauts & bien
droits , le bois en eſt fort beau &
bon.

Il y a des Ormes qui viennent
fort gros & hauts , le bois en eſt
excellent , & les Charrons de ce
Pays s'en ſeruent fort.

Il y a des Noyers de deux ſortes , qui apportent des noix : les
vns les apportent groſſes & dures;
mais le bois de l'arbre eſt fort tendre , & l'on ne s'en ſert point , ſinon
à faire des ſabots , à quoy il eſt fort
propre : de celuy-là il y en a vers
Quebec & les trois-Riuieres en
quantité : mais peu en montant

plus haut; l'autre sorte de Noyers apporte des petites noix rondes, qui ont l'écale tendre comme celles de France; mais le bois de l'arbre est fort dur, & rouge dedans: on commence d'en trouuer au Mont-Royal, & il y en a quantité dans le pays des Iroquois. Les Sauuages mesme se seruent des Noix à faire de l'huile, laquelle est excellente.

Vne autre espece d'arbre, que l'on appelle de la Plaine, est quasi comme l'Herable; mais vn peu plus tendre, qui sert à brusler.

Il y a du Boulleau, dont les arbres viennent fort gros & hauts; nos Sauuages se seruent de l'écorce pour faire leurs canots, & pour couurir leurs cabanes portatiues; cela se roulant comme vn tableau, on le déroule & on l'éténd sur deux ou trois perches plantées en terre,

& on ſe met à l'abry là deſſous, comme on feroit ſous vne tente; les Sauuages en font encore des plats & autres petits vaiſſeaux à leurs vſages; le bois en eſt fort beau & bien ſain, mais on ne s'en ſert à rien icy.

Il ſe trouue auſſi du Tremble de toutes façons; c'eſt à dire, gros & petit, qui ſert à la nourriture des Caſtors, qui en ayment fort l'écorce.

Il y a d'autres arbres appellez Bois blanc, que quelques-vns appellent Tillot; le bois en eſt blanc & bien tendre, qui pourrit facilement à l'eau : l'eſcorce ſert à nos Sauuages en beaucoup d'vſages; car celle des plus gros arbres leur ſert à faire vne eſpece de tonneau, dans lequel ils mettent leurs grains & autres choſes.

L'eſcorce des petits leur ſert à lier,

lier, & mefme ils en font vn chanvre, duquel ils fe feruent pour faire des cordages.

Il y a des Chatagniers & des
Meuriers, qui fe trouuent feulement dans le pays des Iroquois :
pour les Chattagniers, il y en a en
abondance, & qui raportent du
fruit auffi bon que ceux de France ; les arbres en font beaucoup
plus gros & plus grands.

Il fe void quantité d'autres arbres audit pays des Iroquois, qui
ne font point icy dans nos car-
tiers , & dont ie ne fçay pas le
nom ; feulement fçay-je bien qu'il
y en a qui ont le bois rouge & fort
propre à faire du meuble.

Il y a auffi en ces quartiers abondance de Coudriers, qui raportent force noifettes, fureau, épine
blanche , qui apportent des fruits
plus gros que ceux de France, &
C

d'vn bien meilleur gouſt ; Pru-
niers qui apportent des prunes
rouges de la groſſeur du Damas,
& qui ſont d'vn aſſez bon gouſt,
mais non pas toutesfois ſi bon que
celles de France.

Il y a des Saules & des Aulnes en
abondance.

Il s'y trouue des groſeliers qui
apportent des groſeilles de deux
ſortes ; les vnes comme en France,
les autres toutes plaines de pic-
querons.

Il y a des gadeliers ou groſeilles
rouges.

Il y a de petits arbres que l'on
appelle Meriſiers, qui apportent
de deux ou trois ſortes de petits
fruits : le gouſt n'en eſt pas deſa-
greable ; mais ils ſont bien petits ;
les arbres ne deuiennent iamais
gros.

Il y a encore d'autres petits frui-

tiers femblables, qui ne valent pas
la peine d'en parler, pour n'eſtre
pas confiderables.

Puiſque ie ſuis ſur les fruitiers,
ie n'obmetray pas à vous parler
des framboiſiers & fraiſiers, qui
ſont dans tout ce Pays en ſi grande abõdance, qu'il n'eſt pas croyable ; toutes les terres en ſont remplies, & cela vient par dépit : cependant, ils produiſent vne ſi
grande quantité de fruits, que
dans la ſaiſon on ne les peut épui-
ſer : elles viennent plus groſſes &
de meilleur gouſt qu'en France.

Il ſe trouue d'vne autre ſorte de
petits fruits, gros comme de gros
pois, ils s'appellent Bluets, & ſont
d'vn excellent gouſt : l'arbre qui
les produit n'a pas plus d'vn pied
de haut : ils ne croiſſent pas par
tout ; mais il y a des endroits où il
y en a grande quantité.

Les ronces de ce Pays produi-
fent vn fruit qui eſt quaſi d'auſſi
bon gouſt que nos meures de
France ; il n'eſt pas ſi gros.

Il y a quantité de petits fruits
dont ie ne ſçay pas les noms, &
qui ne ſont pas beaucoup exquis,
mais ſe mangent faute d'autres.

Il y a auſſi abondance de vignes
ſauuages qui portent des raiſins:
le grain n'en eſt pas ſi gros que celuy de nos vignes de France, ny
les grapes ſi fournies : mais ie
croy que ſi elles eſtoient cultiuées,
elles ne differeroient en rien : le
raiſin en eſt vn peu acre, & fait de
gros vin , qui tache beaucoup,
& qui d'ordinaire eſt meilleur
vn an apres , que l'année qu'il eſt
fait.

Quelques particuliers ont planté quelques pieds de Vigne venuë
de France dans leurs jardins, qui

ont rapporté de fort beaux &
bons raiſins.

On n'a point encore planté icy
d'arbres de France , ſinon quelques pommiers qui rapportent de
fort bonnes pommes & en quantité , mais il y a bien peu de ces
arbres.

Noms des Animaux qui ſe rencontrent au Pays de la Nouuelle-France.

CHAPITRE V.

POur ſatisfaire à la promeſſe
que j'ay faite dans mon premier Chapitre , de traiter de chaque choſe en particulier : Ie vous
feray ce Chapitre du nom des
Animaux , & des lieux où ils ſe
rencontrent d'ordinaire ; car

comme vous fçauez, toutes les
chofes ne font pas en vn mefme
endroit. Par ce moyen, ie vous
ofteray la confufion qu'on peut
auoir dans l'efprit, prenant les
chofes en gros ou en general.

Commençons donc par le plus
commun & le plus vniuerfel de
tous les Animaux de ce Pays, qui
eft l'Elan, qu'on appelle en ces
quartiers icy Original : ils font
plus grands d'ordinaire que de
grands mulets, & ont à peu prés
la tefte faite de mefme. La difference qu'il y a, c'eft que les mafles
portent des bois fourchus comme
celuy des cerfs, finon qu'ils font
plats. Ils leur tombent tous les ans,
& croiffent tous les ans d'vn four-
chon. La chair en eft bonne & le-
gere, & ne fait iamais de mal. La
peau fe porte en France pour la
faire paffer en buffle, la moüelle

eſt medecinale contre les douleurs
de nerfs. L'on dit que la corne du
pied gauche eſt bonne pour le mal
caduc; c'eſt vn animal bien haut
ſur jambe & bien diſpos : il a le
pied fendu ; il eſt ſans queuë ; il ſe
deffend des pieds de deuant comme les cerfs.

Le Caribou eſt vn animal de
la hauteur enuiron d'vn Aſne,
mais qui eſt fort diſpos. Le maſle
a le pied fourchu, & l'ouure ſi large en courant, qu'il n'enfonce
point l'Hyuer dans les neiges
quelques hautes qu'elles puiſſent
eſtre. Il porte vn bois fourchu,
rond & bien pointu. La chair en
eſt bonne à manger, & delicate.

L'Ours eſt de couleur noire, &
n'y en a point de blancs en ces
quartiers. La peau des petits eſt
eſtimée pour faire des manchons.
Ils ne ſont point mal-faiſans ſi on

ne les irrite : la viande en eſt bonne à manger : la graiſſe fonduë deuient comme de l'huile, & eſt bonne contre les humeurs froides. il eſt ſix mois ſans ſortir des lieux où il ſe tient caché : il ſe retire dans des creux d'arbres pour l'ordinaire : il ayme beaucoup le gland ; de là vient qu'il y en a ſi grande abondance allant au pays des Iroquois : il eſt carnacier, tuë les cochons pour les manger quand il en attrape à l'écart.

Les Animaux qu'on appelle icy Vaches ſauuages, ſont eſpece de cerfs ; les maſles portent des bois tout ſemblables, & quittent leurs bois tout les ans : ils ont le pied fourchu ; ils ſont grands comme de grands Cerfs, la viande en eſt delicate, & ces Animaux vont ordinairement par bandes, & ne ſe rencontrent pas par tout. On n'en void point au deſſous des trois-Riuieres, mais bien au deſſus ; plus on monte en haut vers les Iroquois, & plus il y en a.

Il y a auſſi des Animaux qu'on appelle Cerfs, qui ſont de la meſme façon que ceux de France, à la reſerue qu'ils ſont plus petits, & d'vn poil plus blanchaſtre. De ceux-là il ne s'en trouue pas au deſſous du Mont-Royal, mais bien au deſſus ; montant plus haut, il y en a ſans nombre.

Quant eſt des Animaux que l'on appelle Bufles, il ne s'en trouue que dans le pays des Outaoüax, enuiron à quatre ou cinq cens lieuës de Quebec, tirant vers l'Occident & le Septentrion.

Il y a des Loups de deux ſortes, les vns s'appellét Loups Ceruiers, dont la peau eſt excellente à faire des fourures. Ces Animaux abon-

C v.

dent du costé du Nort, & il s'en trouue peu proche nos habitatiõs; les autres sont Loups Communs, qui ne sont pas du tout si grands que ceux de France, ny si malins, & ont la peau plus belle : ils ne laissent pas d'estre carnaciers, & font la guerre aux Animaux dans les bois : & quand ils trouuent de nos petits chiens à l'écart, ils les mangent. Il y en a peu vers Quebec. Ils sont plus communs à mesure que l'on monte en haut.

Il y a aussi quantité de Renards par tout le Pays : Comme ie ne trouue point qu'il y ait de difference auec ceux de France, ie n'en parleray point ; sinon qu'il s'en trouue quelquesfois de noirs, mais bien rarement.

Il y a vne autre sorte d'animal, plus petit qu'vn renard, qui monte sur les arbres : on l'appelle En-

fant du Diable ; il eſt extremement carnacier, & il a l'induſtrie
de tuer des Elans : la chair en eſt
bonne.

Il y a auſſi quantité de Martres;
mais elles ſont toutes rouſſes, & il
ne s'en void point de noires.

Il y a d'autres Animaux que
l'on appelle des Chats ſauuages,
quoy qu'ils ne reſſemblent gueres
aux autres Chats ; mais c'eſt à cauſe qu'ils grimpent aux arbres : ils
ſont plus gros beaucoup que les
noſtres : ils ſont d'ordinaire extremément gras, la viande en eſt
bonne : les Sauuages ſe ſeruent de
la peau pour en faire des robes.

Il y a des Porcs-Epics Les Sauuages ſe ſeruent du poil qui eſt fort
gros, creux & pointu par les deux
bouts, pour faire diuers petits ouurages qui leur ſeruent d'orne-
mens parmy eux, comme les paſ-

semens parmy nous : la viande de cét animal eſt bonne.

Il y a vn autre animal vn peu plus petit, qu'on nomme Sifleur : il loge en terre, & fait vne taniere comme le renard : la viande en eſt auſſi bonne.

Il y a quantité de Liévres, ils ne ſont pas ſi grands que ceux de France : Ce qui eſt remarquable, c'eſt qu'en Eſté ils ſont gris, & l'Hyuer ils ſont blancs : ainſi ils changent deux fois de couleur l'année.

Il y a d'autres animaux que l'on appelle Beſte puante. Cét animal ne court pas viſte : quand il ſe void pourſuiuy, il vrine : mais cette vrine eſt ſi puante, qu'elle infecte tout le voiſinage, & plus de quinze iours ou trois ſemaines apres, on ſent encor l'odeur approchant du lieu. Cét animal

étrangle les poules quand il les
peut atraper.

Il y en a vne autre eſpece d'animaux qui leur font la guerre, qui
font beaucoup plus petits, que l'on
nomme Peſcheurs, parce qu'ils
vont dansle fond de l'eau comme
à terre.

Il y a quatre ſortes d'Eſcurieux,
les vns ſont roux comme ceux de
France ; d'autres ſont plus petits,
& ont deux barres blanches &
noires tout le long du dos ; on les
nomme Eſcurieux Suiſſes : il y en
a d'vne troiſiéme ſorte, qui ſont
gros & cendrez, qu'on appelle Eſ-
curieux-Volans ; parce qu'ils volent en effet d'vn arbre ſur l'autre,
par le moyen de certaines peaux
qui s'eſtendent lors qu'ils ouurét
les pates : ils ne volent iamais en
montant comme les oyſeaux, mais
droit ou en deſcendant ; ils ſont

beaux & mignons : la quatriéme
espece sont des Escurieux noirs ;
ils sont plus gros que tous les autres : la peau en est tres-belle, &
les Sauuages s'en seruent à faire
des robes : cét animal est joly &
curieux ; mais il ne s'en trouue
que dans le pays des Iroquois.

Apres cela, nous parlerons des
animaux Amphibies, qui viuent
& dans l'eau & sur terre, comme
Castor, Loutre, & Rat musqué.

Le Castor ou Biévre est vn animal qui a les jambes fort courtes,
vit dans l'eau & sur terre : il a vne
grande queuë platte, dont la peau
est en façon d'écaille : vous sça-
uez que le poil sert à faire des cha-
peaux, & c'est le grand traffic de
ce Pays-icy.

Ces animaux multiplient beaucoup; la chair en est delicate comme celle de mouton : les testicules

sont recherchez par les Apoticaires. Cét animal tout grossier qu'il est, a vne merueilleuse industrie, non seulement à se loger dans l'eau & dans terre, mais sur tout à bastir des digues : car ils ont l'addresse d'arrester de petites riuieres, & de faire des chaulsées que l'eau ne peut rompre, & font par ce moyen noyer vn grand Pays, qui leur sert d'Estag pour se joüer, & pour y faire leur demeure. Les Sauuages qui vont à la chasse, ont toutes les peines du monde à rompre ces digues. Les Castors qui sont du costé du Nort valent bien mieux, & le poil en est plus excellent que de ceux du costé du Sud.

Pour les Loutres, ils se trouuent d'ordinaire dans les lacs ; il y en a quelques-vns qui ont la peau assez belle.

Le Rat musqué est vn animal qui vit dans l'eau, & qui est asseurément estimé pour ses testicules, qui sentent le musc pendant deux mois, qui est le temps qu'ils sont en chaleur, sçauoir Auril & May: leur peau ressemble à celle d'vn Lapin, tant pour la couleur que pour la grandeur ; la chair en est bonne.

Il y a aussi des Belettes, Mulots, Taupes, & Souris : Voila pour ce qui est des animaux du Pays. Voicy le nom de ceux que l'on amene de France, des Bœufs & des Vaches:les bœufs seruent à labourer la terre, & à traîner du bois l'Hyuer sur les neiges. Des Cochons en grand nombre:des Moutons il y en a peu :des Chiens, des Chats, & des Rats. Voila les animaux que l'on nous a amené de France, qui font bonne fin en ce Pays-icy.

Apres auoir parlé de tous les animaux qui font dans le Pays, difons vn mot des Reptiles qui s'y trouuent.

Il s'y void des Couleuures de plufieurs fortes : il y en a qui ont la peau émaillée de blanc & de noir ; d'autres de jaune & de verd : elles ne font pas mal-faifantes, du moins on ne s'en eft pas encore apperceu : les plus longues font enuiron d'vn aulne ; mais il y en a peu de fi longues. Plus on va en haut, plus il y en a.

Dans le pays des Iroquois, il y en a d'vne autre forte qu'on appelle des Couleuures à fonnettes : celles-là font dangereufes, elles mordent quelquesfois les Sauuages, qui en mourroient en peu de temps, n'eftoit la connoiffance d'vne herbe qu'ils ont, laquelle croift en ce Pays, qui eftant ap-

pliquée fur la bleſſure en forme
de cataplaſme, en tire tout le ve-
nin.

Il y a des Lezards & autres petits animaux ſemblables: des Cra-
paux; mais ie n'en ay iamais veu
de ſi gros en France.

Il y a des Grenoüilles de pluſieurs ſortes; j'en ay veu de trois,
ſçauoir les vnes auſſi groſſes que
le pied d'vn cheual, qui ſont ver-
tes, & ſe trouuent ſur le bord du
grand Fleuue ; elles meuglent le
ſoir comme vn Bœuf, & pluſieurs
de nos nouueaux venus y ont eſté
trompez, croyans entendre des
Vaches ſauuages : ils ne le vou-
loient pas croire quand on leur
diſoit que c'eſtoit des grenoüilles, on les entend d'vne grande
lieuë. Les Sauuages, Hurons,
les mangent, & diſent qu'elles
ſont fort bonnes.

Il y en a d'autres ſemblables à celles de France, & c'eſt de celles-là qu'il y en a plus grand nombre.

I'en ay veu d'vne troiſiéme ſorte, qui ſont toutes comme les grenoüilles communes, ſinon qu'elles ont vne queuë : je n'ay iamais veu de celles-là qu'en vn ſeul endroit, le long d'vne petite riuiere ; mais j'en vis plus d'vn cent.

✠✠ ✠✠ ✠✠ ✠✠ ✠✠ ✠✠ ✠✠

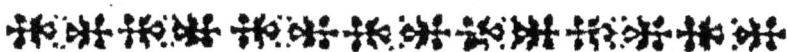

Noms des Oyseaux qui se voyent en la Nouuelle-France.

CHAPITRE VI.

EN vous mettant le nom des oiseaux qui sont dans ce Païs, ie ne vous parleray point de ceux qui se rencontrent à l'entrée du Golfe, comme Cormorans, Tangueux, Fauquets, Poules d'eau, Griseaux, & vne infinité d'autres, qui sont plustost oyseaux de mer que de terre: mais ie vous nommeray seulement ceux qui sont proche de nous, & que l'on tuë tous les iours, comme Cygnes, Outardes, Breneſches, Oyes sauuages, Gruës, Canards, Cercelles, Plongeons de plus de dix sor-

tes , Huarts , Butors , Herons ,
Beccaſſes, Beccaſſines, Cheualiers,
Pluuiers , Piroüys , Alloüettes de-
mer : car il n'y en a point des
champs. Tous les noms cy-deſſus
ſont oyſeaux de riuieres; veu que
s'ils ne ſe trouuent dedans, ils ſe
trouuent le long des bords.

Tout ce Pays eſt remply de ce
Gibier dans la ſaiſon, qui eſt le
Printemps & l'Automne.

Comme Loutarde n'eſt pas vn
oyſeau commun en France, j'en
feray vne petite deſcription, à
cauſe que c'eſt le Gibier de riuiere le plus commun d'icy ; elle eſt
faite tout comme vne Oye grize,
mais beaucoup plus groſſe , elle
n'a pas la chair ſi delicate que celle des Oyes que nous voyons icy
en Canada ; qui en paſſant ſont
toutes blanches , à la reſerue du
bout des aîles & de la queuë qui

est noire : car pour la chair des oyes de France, il s'en faut beaucoup qu'elles approchent du goust de celuy de nos outardes.

Le nom des autres oyseaux sont, l'Aigle, le Cocq-d'Inde, des Oyseaux de proye de plus de quinze sortes, dont ie ne sçay pas les noms, sinon de l'Eperuier & de l'Emerillon.

La femelle de l'Aigle a la teste & la queuë blanche, on l'appelle Nonnette.

Pour le Cocq-d'Inde sauuage, il ne s'en trouue point ny à Quebec, ny aux trois-Riuieres, ny à Monreal : mais dans le pays des Iroquois, & dans le Pays où demeuroient autresfois les Hurons, il y en a des quantitez, & dont la chair est bien plus delicate, que des Cocqs-d'Indes domestiques.

Il y a de trois sortes de Perdrix ;

les vnes font blanches, & elles ne
fe trouuent que l'Hyuer, elles ont
de la plume jufques fur les argots,
elles font fort belles & plus groffes
que celles de France, la chair en
eft delicate. Il y a d'autres Perdrix
qui font toutes noires, qui ont des
yeux rouges : elles font plus petites que celles de France, la chair
n'en eft pas fi bonne à manger ;
mais c'eft vn bel oyfeau, & elles
ne font pas bien communes.

Il y a auffi des Perdrix grifes,
qui font groffes comme des poules : celles-là font fort communes
& bien-aisées à tuer ; car elles ne
s'enfuyent quafi pas du monde : la
chair eft extremément blanche &
feiche.

Il y a d'vne autre forte d'oyfeaux, qui fe nomment Tourtes
ou Tourterelles , (comme vous
voudrez :) elles font prefque

groſſes comme des pigeons., &
d'vn plumage cendré : les maſles
ont la gorge rouge, & ſont d'vn
excellent gouſt. Il y en a des quantitez prodigieuſes ; l'on en tuë des
quarante & quarante-cinq d'vn
coup de fuſil : ce n'eſt pas que cela
ſe faſſe d'ordinaire ; mais pour en
tuer huit, dix ou douze, cela eſt
commun ; elles viennent d'ordinaire au mois de May, & s'en re-
tournent au mois de Septembre ;
il s'en trouue vniuerſellement par
tout ce Pays-cy. Les Iroquois les
prennent à la paſſée auec des rets ;
ils en prennent quelquesfois des
trois & quatre cens d'vn coup.

Il y a auſſi grand nombre d'E-
tourneaux qui s'abandent en Septembre & Octobre : quantité de
Griues, Merles, Hortolans, & vn
nombre infiny d'autres petits oyſeaux dont ie ne ſçay pas les noms.

II

Il y a des Hirondelles, Marti-
nets, Geays, Pies, mais elles ne
font pas comme celles de France :
car elles font cendrées & mal-bâ-
ties.

Il fe void des Hibous & Chats-
huans : des Corbeaux & Corneil-
les, des Piuerts, & autres fortes
que l'on appelle Picquebois : de
petits oyfeaux qui font tout rouges comme du feu : d'autres font
rouges & noirs : d'autres font tout
jaunes, & d'autres tout bleus.

Les Oyfeaux mouches, qui font
les plus petits de tous, font quafi
tout verds, à la referue des mafles
qui ont la gorge rouge.

Les oyfeaux qu'on a apporté de
France, font Poules, Poules-d'Indes, & des Pigeons.

D

✠✠✠✠✠✠✠✠✠✠✠✠✠✠✠✠✠✠

Noms des Poissons qui se trouvent dans le grand Fleuue S. Laurens, & dans les lacs & riuieres qui descendent, dont nous auons connoissance.

CHAPITRE VII.

A L'entrée du Fleuue, il s'y void des Baleneaux, & l'on dit mesme qu'il y a de grosses Baleines.

Il y a quantité de Moluës, & l'on en pesche jusques à dix lieuës de Tadoussac.

Depuis là jusques au Mont-Royal, se trouue grande quantité de Marsoins blancs, propres à faire de l'huile, si on les pouuoit

attraper. On en void des quantitez admirables, depuis Tadouſſac
juſques à Quebec, qui bondiſſent
ſur la riuiere. Ils ſont extremément grands & gros ; & l'on peut
eſperer du moins vne barique
d'huile de chacun, ainſi qu'on
a experimenté de quelques - vns
qu'on a trouué échoüez.

Il y a auſſi quantité de Loups-
marins vers Tadouſſac, & deſcendant plus bas ; l'huile en eſt excellente, non ſeulement à brûler ;
mais à beaucoup d'autres choſes :
ils ſont fort aiſez à attraper, la
peau ſert à beaucoup d'vſages.

Il y a quantité de Saulmons &
Truites, depuis l'entrée du Golfe
juſques à Quebec : il ne s'en trouue point aux trois-Riuieres, ny
au Mont-Royal : mais quantité
dans le pays des Iroquois.

Il y a abondance de Maque-

reaux ; mais ils ne ſe trouuent qu'à
l'Iſle Percée.

Le Haran donne en pluſieurs
endroits : à l'Iſle Percée, Tadouſſac, & autres riuieres, il va par
bandes comme en Europe.

L'Eſturgeon ſe prend depuis
Quebec en montant en haut, &
dans tous ces grands lacs, où il y en
a grandes quantitez : il s'en void
bien peu de petits, mais tous gráds
Eſturgeons de quatre, de ſix, &
de huit pieds de long : j'ay veu
qu'il s'en peſchoit en abondance
deuant l'habitation du Mont-
Royal, pendant qu'ils auoient des
hommes affectionnez à la peſche :
il eſt parfaitement bon ſalé, & ſe
garde bien long-temps : j'en ay
mangé qu'il y auoit deux ans qui
eſtoit ſalé, qui eſtoit auſſi bon
que quatre iours apres la priſe.

L'Aloze eſt plus abondante à

Quebec qu'en aucun lieu ; il y en a des quantitez prodigieuses au Printemps, qui est la saison qu'on la pesche.

Le Bar est vn poisson d'eau douce : on en pesche quantité à Quebec & aux trois-Riuieres : je n'ay point ouy dire qu'on en prist à Tadoussac, ny au Mont-Royal : c'est vn poisson dont la chair est excellente, & où il y a peu d'arêtes.

La Barbuë commune en tout ce Pays, & qui abonde par tout, est vn poisson sans écaille, qui a la teste plus grosse que le reste du corps, n'a que la grosse arreste : la chair en est blanche & delicate, pour estre vn des plus gras de ce Pays-icy : elle a d'ordinaire vn pied & demy ou deux pieds de long : elle se prend à l'ameçon : elle est fort bonne salée.

Il y a aussi abondance d'Eplan durant l'Autonne, tant à Quebec qu'à Tadoussac.

Il se trouue des Loches à Tadoussac, & quantité d'autre sorte de Poissons que j'obmets pour n'en sçauoir les noms.

L'Anguille se pesche à Quebec, en plus grande abondance qu'en aucun lieu, dans le mois de Septembre & au commencement d'Octobre : elle est plus grosse & de beaucoup meilleur goust que celle qui se voit en France. I'en ay veu d'aussi grosse que la jambe d'vn homme : elle est delicate : elle se garde fort bien salée : elle se prend auec des nasses : on en prend si grande quantité, que cela n'est pas conceuable à moins que de l'auoir veu.

Les Poissons qui se trouuent dans les petits lacs & les petites ri-

uieres, font Brochets, Carpes de
plufieurs fortes; Perches, Braimes,
petites Truites, Poiffons dorez,
Ouchigans, vne autre forte de
Poiffon plat qui n'a point de nom
François, non plus que le prece-
dent, qui eft petit, mais excellent,
& vn autre nommé le Poiffon
blanc; Voila les plus communs
qui fe rencontrent par tout.

Les Brochets y font ordinairement bien grands. Les Carpes de
quelque nature qu'elles foient, ne
font pas bien excellentes, à moins
que d'eftre frites à l'huile : elles
ont la chair molaffe.

De tous ces poiffons, il y a abondance dans tous les petits lacs &
petites riuieres.

Dans ces grands lacs, il y a quantité de beaux & grands poiffons,
& de diuerfes efpeces, qui n'ont
point encore de nom parmy nous

autres François , qui cependant
ſont des mangers delicieux. Ie
n'en feray point la deſcription, ils
ſont encore trop éloignez de
nous.

Il ſeroit bien difficile de dire les
noms de tous les Poiſſons qui ſe
prennent dans vn grand Pays
comme ceſtuy-cy. De temps en
temps il s'en prend quelques-vns
dont on n'en a point encore veu
de ſemblables. On trouue auſſi des
Eſcreuiſſes dans les petites riuieres.

I'oublioisà vous faire la deſcription d'vn poiſſon, qu'on appelle
Poiſſon armé : il a enuiron deux
pieds & demy de long, & meſme
trois pieds ; il eſt tout rond, & a
ſix ou huit poulces de tour ; il eſt
quaſiégalement gros par tout : il
a vne écaille extremément dure,
& qu'on ne ſçauroit auoir percé

d'vn coup d'épée; fon bec à enuiron huit poulces de long , & eft
dur comme de l'os; armé de trois
rangées de dents de chaque cofté,
qui font pointuës comme des alef-
nes : la chair ne vaut pas grand
chofe à manger. Il eft fort facile à
prendre , mais il eft rare.

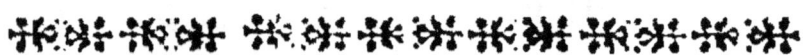

Noms des Bleds & autres
grains aportez d'Europe,
qui croiffent en ce Pays.

CHAPITRE VIII.

DAns mon voyage de France,
ie rencontray quantité de
perfonnes qui me demandoient fi
le bled venoit en la Nouuelle-
France, & fi l'on y mangeoit du
pain. C'eft ce qui m'a obligé à faire ce Chapitre , pour defabufer

ceux qui croyent que l'on ne vit
dans ce Pays-icy que de racines,
comme on fait aux Isles Saint
Christophle. Ils sçauront donc
que le bled froment y vient tres-
bien; & on y fait du pain aussi beau
& aussi blanc qu'en France. Les
seigles y viennent plus que l'on ne
veut : toute sorte d'orges & de
pois y croissent fort beaux , & l'on
ne void point de ces pois verreux
plains de cosson, comme on en
void en France ; les lentilles , la
voisse, l'auoine , & mil, y viennent parfaitement bien ; les grosses febves y viennent bien aussi ;
mais il y a de certaines années
qu'il y a de grosses mouches qui
les mangent, quand elles sont en
fleur. Le bled Sarazin y vient aussi ; mais il arriue quelquesfois que
la gelée le surprend auant qu'il soit
meur. Le chanvre & le lin y vien-

nent plus beaux & plus hauts qu'en
France.

Les grains que cultiuent les Sauuages, & qu'ils auoient auant que
nous vinssions dans le Pays , ce
sont gros Mil ou Bled d'Inde, Fai-
zoles ou Arricots, Citroüilles d'v-
ne autre espece que celles de France ; elles sont plus petites, & ne
sont pas si creuses ; ont la chair
plus ferme & moins aqueuse, &
d'vn meilleur goust. Du Tourne-
sol , de la graine duquel ils font
de l'huile qui est fort delicate, &
de tres-bon goust. De l'herbe à la
Reyne , ou Petun , dont ils font
leur Tabac; car les Sauuages sont
grands fumeurs, & ne se peuuent
passer de petun. Voila en quoy
consiste la culture des Sauuages.

Toutes sortes de Naueaux &
Rabioles, Bettes-raues, Carottes,
Panais, Cercifis, & autres racines,

viennent parfaitement, & bien grosses. Toute sorte de Choux y viennent aussi en leur perfection, à la reserue des Choux à fleur que ie n'y ay point encor veu.

Pour des herbes, Lozeille, Cardes de toutes façons, Asperges, Espinars, Laittuës de toute sorte, Cerfüeil, Percil, Cicorée, Pimprenelle, Oignons, Porreaux, l'Ail, les Ciues, Hysopes, Bouroche, Buglose, & generalement toutes sortes d'herbes qui croissent dans les jardins de France ; les Melons, les Cocombres, les Melons d'eau & Callebaces y viennent tres-bien.

Pour des fleurs, on n'en a pas encore beaucoup apporté de France, sinon des Roses, des Oeillets, Tulipes, Lys blancs, Passes-roses, Anemones & Pas-d'aloüette qui font tout comme en France.

Pour les herbes sauuages, ie

n'entreprendray pas de vous en
décrire icy les noms, sinon de quelques-vnes les plus communes qui
se rencontrent icy dans les bois. Le
Cerfüeil a la feüille plus large que
celuy de France, a la tige beaucoup
plus grosse, & est d'aussi bon goust.
L'Ail est plus petit que celuy de
France : il y croist force petits Oignons façon de Ciues le long du
grand Fleuue. Il y a de la Passe-
pierre & du Percil sauuage, qui
ressemble tout à fait au percil de
Macedoine : il y a de l'Angelique
dans les prairies, & le Pourpier
vient naturellement dans les terres desertées sans y estre semé :
mais il n'est pas si beau que celuy
que nous cultiuons : il se trouue
dàs les prairies d'vne herbe qu'on
appelle Voisseron, qui fait d'excellent foin, aussi bien qu'vne autre
qu'on appelle Pois sauuages : il n'y

en a plus vers les Trois-Riuieres
& Mont-Royal, où il n'y a point
de reflux, que vers Quebec. Le
Houbelon y vient aussi naturellement, & on en fait de tres-bonne
biere. La Cicuë y croist à merueille, aussi-bien que l'Elebore : le
Capilaire y croist en abondance :
il se trouue de plusieurs sortes de
Fougere, des Orties dont on fait
du fil & de tres-bons cordages,
du Melilot, des Roseaux & Iones
le long des riuieres.

Il y a aussi quantité de sortes de
fleurs, dont les plus considerables
sont celles-cy, des Martagons qui
sont jaunes ; des Roses sauuages
qui ne sont point doubles; vne autre fleur rouge qu'on nomme Car-
dinalle, vne espece de Lys, du Mu-
guet, des Violettes simples & qui
ne sentent rien. Ie ne sçay point le
nom des autres; mais ceux qui ont

esté aux Iroquois m'ont dit, que c'est chose admirable de voir la quantité & la diuersité des belles fleurs qui s'y trouuent

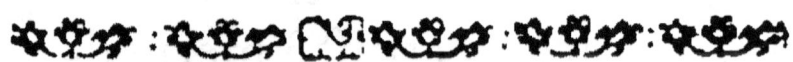

❀❀ : ❀❀ ❦ ❀❀ : ❀❀ : ❀❀

Des Sauuages de la Nouuelle-France, & de leur façon de viure.

CHAPITRE IX.

TOvs les Sauuages de la Nouuelle France, sont quasi tous les vns comme les autres, particulierement pour les habillemens & leurs coustumes : mais comme ils sont differens en leurs façons de vie & en leurs langages, nous les distinguerons en deux, à quoy se rapportent toutes les Nations de ces pays icy: sçauoir l'Algonquine & la Huronne ; toutes les nations qui habitent le costé du Nort, tant bas que haut, sont tous Algonquins, & ne different pas beaucoup de langage, sinon comme le Poiteuin differe du Prouençal ou du Gascoh. Du costé du Sud il y a encore les Abnaquiois, les Acadiens, les Socoquiois, & toute la nation du Loup, qui tiennent plus de l'Algonquin que du Huron.

En haut les Outaoüac, les Nez percez, & toutes ces autres grandes nations parlent presque tous Algonquin.

D'autre costé la nation du Petun, la nation neutre, tous les Iroquois, les Andastoé, parlent la langue Huronne, quoy que les Dialectes soient beaucoup differens, comme l'Espagnol, l'Italien, le François different du Latin. Mais

entre la langue Huronne & l'Algonquine, il y a autant de differénce que du Grec au Latin.

Les Algonquins font errans, & ne viuent que de chaffe & de pefche, ne fçauent ce que c'eft de cultiuer des terres ; & vniuerfellement toutes les nations qui ont rapport à la langue Algonquine. Au contraires les Hurons, Iroquois, & toutes les nations qui ont rapport à la langue Huronne, font fedentaires , ont des bourgades, font des champs, cultiuent la terre , trafiquent chez les autres nations, font plus policez, ont comme des Officiers parmy eux pour toutes fortes de chofes.

Faifons la defcription de la vie des Algonquins, apres quoy nous parlerons de celle des Hurons.

L'Algonquin, comme i'ay dit, eft errant, & vit de chaffe & de

pefche; & pour cét effet ils ont de
petits vaiffeaux, que l'on appelle
icy canots, faits d'efcorce de bou-
leau, & renforcez par dedás de de-
my-cercles de bois de Cedre : cela
eft fait fi proprement qu'vn homme feul porte aifément vn de ces
petits vaiffeaux, quand il eft queftion de trauerfer les bois pour aller d'vne riuiere à vne autre ; &
cependant il s'y embarque, luy fa
femme & fes enfans, fes armes, fa
maifon , & le refte de fon baga-
ge. Il y a des canots de deux, de
trois, de quatre, & de cinq braf-
fes.

Leurs maifons confiftent d'ordinaire en trois efcorces de bou-
leau, qui ont enuiron chacune vne
aulne de large, & trois à quatre
aulnes de long, qui fe plient comme fait vn tableau quand il fort
de chez vn Peintre : ils eftendent

ces écorces le foir quand ils font
arriuez, fur trois ou quatre perches en rond, qui vont en pointe
vers le haut, en forte que la cabane eft ronde, large par en bas, &
retreffiffant par le haut. C'eft d'ordinaire la femme qui fait la cabane, qui defcharge le canot, allume
le feu, & difpofe le fouper, pendant que l'homme allant faire vn
tour dans le bois, va voir s'il ne
trouuera rien à tuer. La femme
doit auffi difpofer le lit, allant
couper là proche vn paquet de
branches de fapin, qu'elles eftendent fur la terre pour fe coucher;
c'eft elle qui doit couper & apporter tout le bois neceffaire pour la
maifon. Quand les hommes ont
tué quelque animal, c'eft aux femmes à aller querir la viande : car
elles leur feruent comme de porte-faix, elles écorchent les ani-

maux, elles en estendent & font
secher les peaux, elles les pas-
sent apres pour s'en couurir; car
nos Sauuages ne vont pas nuds,
comme font ceux qui sont du costé des Isles saint Christophle, seulement ils ne se couurent point
les bras, sinon quand il fait grand
froid.

Les Sauuages generalement
parlant, tant hommes que femmes, sont fort bien-faits; & on en
voit fort peu parmy eux qui
ayent des defauts de nature, comme d'estre louches, bossus, bai-
teux, à moins qu'il ne leur soit
arriué par accident.

Ils font bazanez, les enfans
qui naissent font blancs comme
des François, & cette couleur ba-
zanée ne leur vient qu'auec l'aage. Les hommes n'ont point de
barbe, ils ont tous les cheueux

noirs & gros, tant hommes que
femmes, se les graiffent fort fouuent. Les Algonquins les portent
d'ordinaire fort longs.

Ils font naturellement timides,
cruels, diffimulez, complaifans, in-
grats, fur tout les Algonquins,
hardis demandeurs : mais le plus
grand mal que i'y vois, c'eft qu'ils
font extremement vindicatifs, &
garderont vingt ans le deffein de
fe vanger, fans le faire paroiftre;
cependant cherchent toufiours
l'occafion d'auoir quelque pre-
texte qui les mette à couuert. Ce
n'eft point leur couftume de faire
paroiftre leurs rancunes ouuerte-
ment, comme de fe battre à la
rencontre, ou feul à feul, comme
on fait en Europe. Vn homme
feroit odieux parmy eux qui l'auroit fait; & comme ils font heu-
reux d'auoir occafion de faire pie-

ee à leurs ennemis & eftre à couuert, C'eft vne des caufes qui les
rend fi paffionnez pour s'enyurer, eftimans que quand ils
ont frappé ou tué quelqu'vn dans
leur yureffe, cela ne leur eft point
à deshonneur, difans que c'eft la
boiffon qui l'a fait,& non pas eux;
cependant ils volent de joye dans
leurs cœurs de s'eftre vangez : delà vient que les Sauuages ne boiuent quafi iamais que pour s'enyurer, & en fuite faire piece à quelqu'vn qui leur aura rendu quelque déplaifir, ou pour affouuir
quelque-autre paffion brutale,
comme de violer vne fille ou femme. C'eft ce qu'à fort bien recon-
nu Monfieur noftre Euefque,& ce
qui l'a rendu fi zelé à s'oppofer à
ceux qui donnoient de la boiffon
aux Sauuages, dõt ils s'enyuroient
inceffamment, & d'où naiffoient

des defordres funeftes, que la pie-
té des gens de bien ne pouuoit fup-
porter : Car il eft tres-certain, que
les Sauuages ne boiuent point par
delicatefle, ny par neceflité ; mais
toufiours pour quelque mauuais
deffein : & cela eft tellement vray
qu'on n'auoit iamais veu, ny en,
tendu parler parmy les Sauuages,
des maux qui fe font faits depuis
qu'on leur a donné de ces boiffons
enyurantes : car les Sauuages de
leur naturel ne font point capa-
bles de grandes malices, comme
font les Europeens ; ils ne fçauent
ce que c'eft que de jurer. Quoy
qu'il y en ait parmy eux quelques-
vns qui foient larrons, ils ne dé-
robent iamais auec effronterie, ny
mefme auec adreffe, du moins les
Algonquins, quoy qu'ils ne manquent pas d'efprit.

Ordinairement tous les Sauua-

ges ont l'esprit bon, & il est bien
rare de voir parmy eux de ces es-
prits buses & grossiers, comme
nous en voyons en France parmy
nos paysans: Ils craignent plus vne
simple reprimande de leurs parens
ou de leurs Capitaines, que l'on ne
fait en Europe les rouës & les gi-
bets : car vous ne voyez point de
desordre parmy eux , quoy que
les peres & les meres n'ayent
point de chastiment pour leurs enfans , nonplus que leurs chefs
pour leurs inferieurs, que des pa-
roles de reprimande ; & i'en ay
veu ⸱ qui se sont empoisonnez;
d'autres se sont pendus, ou pour
auoir receu, ou de peur de receuoir vne correction de leurs parens, ou de leurs Capitaines, &
cela pour quelques petites fautes
qu'ils auoient fait. C'est d'où
vient que quand il s'est fait vn
meurtre,

meurtre, on ne s'en prend point à celuy qui la fait, mais aux Capitaines, qui sont obligez de satisfaire aux parens du defunt; & comme la satisfaction est considerable, & que cela donne de la peine au Capitaine, cel donne vne telle confusion à celuy qui a fait le mal, que quoy qu'on ne luy dise rien, il se bannit ordinairement le reste de ses iours, & cela retient tous les autres en bride.

Ils respectent beaucoup leurs Capitaines, & leur obeyssent promptement, sur tout quand ils ne sont point vicieux : car quand ils le sont, ils les méprisent fort, disans, qu'vn homme qui ne peut pas se commander soy-mesme, est incapable de commander autruy.

Ils ne sont point d'ordinaire auaricieux; cela vient de ce qu'ils ne se soucient pas de rien amasser

E

(particulierement les Algonquins) qui viuent au iour la iour-
née : ils n'ont point de foin.

La liberalité parmy eux eft
eftimée ; c'eft d'où vient que les
Capitaines font ordinairement
plus pauures que les autres : car
quand ils commencent à paroiftre,
ils donnent tout, pour attirer l'affection de leurs gens, qui par apres
leur font plufieurs prefens , & les
nourriffent quand ils commencent
à vieillir.

Ils ne font point plus braues
les vns que les autres , les meil-
leurs chaffeurs font les mieux ac-
commodez.

Ils ne fçauent ce que c'eft de fe
faire feruir , chacun fe fert foy-
mefme.

Le meftier des hommes Algonquins, c'eft d'aller à la chaffe , à la
pefche & à la guerre, en traitte

aux Nations esloignées,&d'escor-
ter les femmes quand elles vont
en des lieux dangereux, faire les
canots, & voila tout ; pour le reste
ce sont les femmes qui le doiuent
faire.

Quand ils vont en voyage, &
que leurs femmes vont auec eux,
la femme nâge dans le canot aussi
bien que l'homme. En voila assez
dit des Algonquins.

Venons maintenant à vne vie
& des coustumes bien differentes
qu'ont les Nations de la langue
Huronne, tels que sont tous les
cantons des Iroquois. Ils sont sedentaires, comme i'ay déja dit, &
bastissent des bourgades. Ce sont
les hommes qui font les palissades
& les cabanes, qu'ils font en forme de berceau, fort haut & large;
couuert depuis le haut iusques au
le Maistre du festin chante toû-

bas de groſſe écorce de Freſne ou
d'Orme : les meilleures de ces cabanes ſont couuertes d'écorces de
Cedre, mais elles ſont plus rares.

Ils abbatent du bois, & deſer-
tent pour faire des champs. Quand
le bois en eſt bruſlé, c'eſt aux femmes à les enſemencer ; car ce ſont
les femmes qui font toutes les ſe-
mences, cerclent le bled & en font
la recolte : ce ſont elles qui le mou-
lent, autrement le pilent : car les
Sauuages n'ont iamais eu l'vſage
des Moulins ; l'ayant reduit en farine, elles en font du pain, ou vne
eſpece de boüillie auec de l'eau &
quelque aſſaiſonnement, lors qu'ils
en ont, ce qu'ils appellent Sa-
gamité : car les femmes ſont les
Cuiſinieres & les Boulangeres.

Les hommes trauaillent encore
à faire des canots, des armures &
des rets ; mais ce ſont les femmes

qui filent le fil : les hommes tiennent les Conseils, deliberent des
affaires, c'est à dire ceux qui sont
de naissance pour cela ; car les Capitaines viennent de pere en fils,
& entrent au Conseil lors qu'ils
sont en vn aage meur, & qu'ils
ont montré auoir l'esprit bien
fait.

Ce sont les hommes qui vont
à la chasse, à la pesche, & à la guerre : les Iroquois ne vont point en
traitte chez les autres nations Sauuages, car ils sont haïs de tous : les
Hurons y alloient fort, & trafi-
quoient quasi par tout le pays.

Les hommes s'occupent enco-
re à faire des plats & des cuilleres
de bois. C'est aussi eux qui font
les champs de tabac, & les calu-
mets ou pipes qui leur seruent à
fumer : les femmes font les pots
de terre, comme aussi quantité de

petits ouurages propres à leurs
vfages, que ie ne d'écriray point
pour n'eftre connus en France.
Elles feruent de porte-faix, & il
faut que ce foit elles qui portent
tout ce qu'il y a à porter.

I'ay appris depuis peu que les
Iroquois & Iroquoifes fe font feruir par leurs Efclaues, qu'ils ont
en grand nombre, tant d'hommes
que de femmes.

Continuation fur le mefme
fujet, concernant le Ma-
riage des Sauuages.

Chapitre X.

Difons vn petit mot de leurs
Mariages. Lors qu'vn garçon
à deffein d'époufer vne fille, il l'a
va voir, il la careffe, mais iamais

auec indecence, ce seroit vn crime
parmy eux : il luy parle en particulier, & quand il l'a enfin gagnée,
il luy fait des presens de ce qu'ils
ont de plus rare ; & quand tout
est d'accord, il va demeurer dans la
cabane de la fille, car la femme ne
va point demeurer chez le mary,
mais le mary chez la femme.

Parmy les Hurons vn mariage
n'est pas tenu pour veritable mariage, mais plustost pour débau-
che, si les pere & mere du ieune
homme n'ont esté demander aux
parens de la fille celle qu'ils desi-
rent auoir pour femme à leurs
enfans; ce qui se fait donnant quelque riche present aux parens de
la fille.

Ils demeurent quelquesfois
long-temps ensemble deuant que
de consommer le mariage : & l'on
dit vne chose admirable des Al-

gonquins, qui est, que souuent
ils demeurent vn an & dauantage
ensemble, auant que le consommer : il ne se passe rien parmy eux
qui ne soit dans l'honnesteté, &
rien de dissolu dans ces rencontres, quoy qu'ils soient naturellement grands railleurs, & qu'ils
ayent plusieurs mots à double en-
tente, mais ils ne s'en seruent pas
dans ces rencontres.

Quoy que la polygamie ne
soit pas deffenduë parmy eux, rarement voyez-vous vn homme
auoir deux femmes, sur tout parmy les Hurons & les Iroquois : car
cela se rencontre quelquesfois
chez les Algonquins.

Le diuorce n'est point vne chose odieuse chez les Sauuages, vn
homme pouuant repudier facilement sa femme, & la femme son
mary (i'entens parler de ceux qui

ne font point Chreftiens) cela fe
fait fans bruit : car quand la femme repudie fon mary, elle n'a qu'à
luy dire qu'il forte de fa maifon,
& il s'en va fans rien dire autre
chofe, & y laiffe tout ce qu'il y a
apporté, à la referue de fes habits.
Tout de mefme, fi le mary veut
repudier fa femme, il fe retire,
apres luy auoir declaré qu'il la
quitte : s'ils ont des enfans ils demeurent tous à la femme. Ces diuorces arriuent rarement, parce
que chacun eft fur fes gardes, s'émpefchant de donner du mécontentement à fa partie, crainte de l'obliger à la feparation.

Ils ne font pas beaucoup fujets
à la ialoufie, fur tout les Iroquois.

Ils ont des jeux parmy eux de
diuerfes fortes, les plus communs
font les jeux de paille, & le jeu du

plat, & vn troisiéme qu'ils nomment paquessen.

Ce jeu de paille se fait en effet auec de petites pailles qui sont
faites exprés, & qui se partagent
en trois, comme au hazard, sort
inégalement. Nos François ne
l'ont pû encore bien apprendre, il
est plein d'esprit; & ces pailles sont
parmy eux, ce que les cartes sont
parmy nous.

Le ieu du plat sont neuf petits os plats & ronds comme des
noyaux de pesche, que l'on auroit
lissez & applatis, qui sont noirs.
d'vn costé, & blancs de l'autre, que
l'on remuë & que l'on fait sauter
dans vn grand plat de bois, qu'enfin on arreste en frappant la terre,
le tenant auec les deux mains : la
perte ou le gain dépend d'vn certain nombre qui se trouue tout
d'vne couleur.

Le jeu paqueſſen eſt preſque
la meſme choſe, ſinon qu'on iette
ces petits os en l'air auec la main,
retombans ſur vne robe eſtenduë
en terre, qui ſert comme de tapis;
le nombre tout d'vne couleur fait
la perte ou le gain.

Ils ſe feſtinent auſſi les vns les
autres, la façon eſt telle. Celuy qui
veut faire feſtin fait mettre vne
grande chaudiere ſur le feu, ou
deux, ou trois, ſelon le monde
qu'il veut traiter : dans leſquelles
chaudieres on met de la viande
ou du poiſſon, & en ſuite de la farine de bled d'Inde : quand cela eſt
cuit, celuy qui fait le feſtin enuoye conuier ceux qu'il deſire qui
y ſoient : ils y viennent auec vn
plat & vne cuillere. Ils entrent
dans la cabane ſans dire mot, &
s'arrangent ſur leurs derrieres
comme des guenons : cependant

E vj

le Maiſtre du feſtin chante toûjours iuſques à ce que tous les
conuiez ſoient entrez , car il ne
leur fait aucune ceremonie : alors
il prend la parole , & dit, Ie fais
feſtin : que s'il deſire gratifier &
faire honneur ou à ſon fils ou à
quelqu'autre , il le declarera , diſant, c'eſt vn tel qui fait feſtin :
alors tous les aſſiſtans répondent
vn certain hô , qui eſt comme vn
eſpece de remerciment : il continuë & dit , il y a tant de chaudieres, ſelon le nombre qu'il y aura :
on luy répond encore hô : c'eſt d'v-
ne telle viande, & tuée par vn tel : à
chaque article on fait touſiours la
meſme réponſe hô : & ainſi conſe-
cutiuement il declare tout ce qu'il
y a dans le feſtin , & on répond
touſiours la meſme choſe , hô,
hô.

En ſuite il dit , Ie ſouhaitte

qu'vn tel nombre de vous autres
chante, vn tel, vn tel, & vn tel : &
souuent il commence le premier à
chanter, & les vns apres les autres
chantent iusques au nombre qu'il
a souhaité.

La personne qui chante se leue,
faisant diuerses postures & gestes
en chantant. Cette façon de chanter n'est point harmonieuse, auec
douceur, mais elle est comme de
gens qui s'excitent à la colere, &
mesme ils font quelquesfois des
signes de fraper : ils raconteront
dans ces chansons martiales leurs
proüesses, & les hommes qu'ils
ont tué en guerre, ou les desseins
qu'ils ont d'aller en guerre pour
vanger la mort de quelqu'vn de
leurs parens, ou de quelque homme considerable. Ce qui les y en-
gage par honneur; & souuent ceux
qui suiuent à chanter, s'engagent

en chantant de les fuiure à la guerre, & mourir auec eux.

Apres que tous ont chanté on
dreffe la chaudiere, c'eft à dire
qu'on prend les plats d'vn chacun,
& on met de la fagamité dedans;
s'il y a de la viande on en diftri-
buë à chacun de ceux qu'on defire
honorer & gratifier vn morceau:
les morceaux les plus delicats font
pour les Capitaines; celuy qui fait
feftin ne mange point, mais il
chante pendant que les autres
mangent. Si ce font des Algonquins, ils peuuent emporter leurs
plats de fagamité chez eux ; mais
chez les Iroquois & Hurons, cela
n'eft pas permis, il faut tout manger ce qui vous eft feruy; c'eft d'où
vient qu'ils portent des plats fort
petits : car on n'ofe pas fortir de
la cabane auant que d'auoir vui-
dé fon plat, à moins que de faire

quelque petit present au Maistre
du festin, vn cousteau, vne alese-
ne, vn pain de petun. Les femmes y sont moins appellées que les
hommes, sur tout chez les Iroquois & Hurons.

Il se fait quelquesfois parmy
eux des festins bien considerables:
il s'en fit vn du temps que i'estois
aux Hurons, de la chair de cinquante cerfs, dans cinquante chaudieres.

Ils ont aussi des danses parmy
eux, qui ne ressemblent en rien
aux nostres, car elles ne consistent
qu'à vne certaine façon de se se-
coüer le corps, frapans des pieds
contre terre, & faisans beaucoup
d'autres postures auec reigle, & à
la cadence d'vn petit tambour, ou
autre instrument, qui fait vn petit bruit sourd : ils vont si bien à
la cadence, qu'on ne voit point

de confusion ny de desordre, quoy qu'ils soient quelquesfois plus de deux cens à danser ensemble ; ils frappent tous du pied en mesme temps, & si à propos, que l'on diroit qu'il n'y a qu'vne personne qui danse.

Ces danses se font ordinairement pour quelques réjoüissances publiques, comme seroit quelques victoires remportées sur l'ennemy, ou vn traité de paix nouuellement conclu ; il s'en fait bien aussi quelquesfois chez des particuliers entre amis ; mais cela n'est pas bien ordinaire.

Les peuples sedentaires ont des Officiers pour toute sorte de choses, qu'ils appellent Capitaines ou gens considerables ; les principaux sont pour la police, les autres pour la guerre ; il y en a d'autres qui ne sont que pour auertir ;

& qui feruent comme de tambours
& de trompettes : les vns vont
crier par les ruës du bourg le foir,
ou le matin, le nom de ceux qui
font morts, ou le iour ou la nuit;
d'autres ont foin de faire les pre-
paratifs pour brufler les prifon-
niers : d'autres ont ordre d'auertir de fe trouuer au Confeil quand
il fe doit tenir : quelques autres
ont charge d'auertir par le bourg
quand on doit faire quelques ré-
joüiffances ou danfes publiques,
ainfi de tout le refte , & tout cela
fans confufion ny defordre.

Ils n'ont point de Religion,
mais ils font fort fuperftitieux, &
ajouftent foy à leurs fonges : c'eft
ce qui donne plus de peine aux Peres Iefuites qui les inftruifent.

Ils croyent l'immortalité de
l'Ame, & difent qu'elle va apres
la mort dans vn beau pays; que

deuant que d'y arriuer, il faut
paſſer vne riuiere où il y a vn certain qui perce la teſte à tous les
paſſans, & leur arrache la ceruelle,
ce qui fait qu'ils ne ſe ſouuiennent
plus de rien.

Ils ont quantité de fables qu'ils
racontent, & en toutes on y re-
marque touſiours quelque choſe
qui a du rapport à quelques-vnes
des hiſtoires de l'ancien Teſta-
ment.

Ils ont connoiſſance des Eſprits,
ont vne grande auerſion des Sor-
ciers; & quand quelqu'vn en eſt
accuſé, & qu'on croit qu'il le ſoit,
il eſt auſſi-toſt tué ou bruſlé comme vn ennemy.

Ils ſont fort aumoſniers, & lo-
gent facilement les Eſtrangers &
Voyageurs, ſans eſperance d'aucun ſalaire, & il y en a pluſieurs
qui quittent leurs lits, ou pour

mieux dire, la place où ils cou-
chent, leur donnant à manger ce
qu'ils ont de meilleur, & cela affez fouuent à vn homme qu'ils
n'ont iamais veu, & qu'ils ne ver-
ront peut-eftre iamais, & qui s'en
ira fans leur dire grand-mercy,
cela eft particulierement dans les
Nations fedentaires.

Quand il y à quelque famille
qui eft tombée en neceffité de viures, il y a des Capitaines qui vont
par le Bourg ramaffer du bled
pour la fubfiftance de ces pauures
gens, chacun donne, qui plus, qui
moins, felon fon pouuoir.

Ils ne font pas vilains les vns
enuers les autres ; quand ils ont
tué ou pefché, ils en font des lar-
geffes, foit en faifant feftin, ou en
enuoyant chez les particuliers.

Ils font pitoyables, & fe portent compaffion les vns aux autres.

Ils ayment fort leurs parens, &
les pleurent long-temps apres
qu'ils sont morts : quand ils les en-
terrent, ils mettent auec eux ce
qu'ils aymoient le plus pendant
leur vie, & ce qu'ils estiment de
plus precieux parmy leurs meu-
bles.

Ils ont presque tous le sens commun assez bon, & raisonnent fort
bien ; cela se void dans leurs conseils, & dans leurs harangues qu'ils
font souuent en toutes sortes d'oc-
casions.

Tous les Sauuages qui sont
proche des Europeans deuiennent
yurongnes, & cela fait bien tort
aux nostres : car de quantité qui
estoient fort bons Chrestiens, plusieurs se sont relaschez. Les Peres
Iesuites ont fait ce qu'ils ont pû
pour empescher ce mal : car les
Sauuages ne boiuent que pour

s'enyurer; & quand ils ont commencé à boire , ils donneroient tout ce que l'on voudroit pour vne bouteille d'eau de vie , afin d'acheuer de s'enyurer.

La guerre qu'ils se font les vns aux autres, ne se fait point pour conquerir des terres, ny pour deuenir plus grands Seigneurs, ny mesme pour l'interest, mais par pure vangeance : aussi ne parlent-ils point autrement ; car ils disent, ie m'en vay en guerre pour vanger la mort d'vn tel, & c'est d'où vient qu'ils traitent si cruellement leurs prisonniers, & ne visent iamais qu'à détruire & faire perir vne Nation toute entiere.

La maniere que les Sauuages font la guerre.

CHAPITRE XI.

CEux qui vont en guerre ne font fouldoyez de perfonne, chacun y va à fes dépens, & fe doit fournir d'armes, de viures, de munitions, & autres chofes neceffaires pour la guerre.

La façon qu'ils font les leuées, la voicy : Vn Capitaine fait feftin, (on appelle cela pendre la Chaudiere) il inuite à fon feftin tous les ieunes gens de fon bourg, il leur declare qu'il a deffein d'aller en guerre pour vanger la mort d'vn tel ou d'vne telle : il exhorte ceux qui font de fes amis de l'ac-

compagner : apres qu'il a dit le
mieux qu'il a pû là deſſus, & que
le feſtin eſt mangé, chacun s'en va;
apres quoy ceux qui ont enuie de
l'accompagner viennent les vns
apres les autres luy faire offre de
leurs ſeruices, en luy diſant, vn
tel mon oncle (car c'eſt comme
ils traitent d'ordinaire ceux qu'ils
eſtiment plus qu'eux) ou bien
mon frere (s'ils ſont égaux) ie
viens te dire que ie veux riſquer
auec toy en ton deſſein de la
guerre.

En meſme temps chacun fait
diſpoſer ſes viures, & on ſe tient
preſt pour le iour aſſigné du de-
part

Quand ils ont de grandes en-
tepriſes à faire, cela ſe delibere
long-temps auparauant dans le
Conſeil des anciens & des principaux Capitaines; & l'affaire eſtant

vne fois concluë, & qu'on a choiſi
celuy à qui on veut donner la
conduite de l'expedition, vn Offi-
cier va crier par le Bourg, que
l'on va à la guerre, & que l'on exhorte toute la ieuneſſe à aller
dans l'armée. Les Capitaines de
tous les Villages qui ont aſſiſté au
Conſeil en font faire autant chez
eux : à meſure que les ieunes gens
ſe deliberent, ils en auertiſſent le
Capitaine qui eſt Chef de l'entre-
priſe.

Apres cela on enuoye des De-
putez auec des preſens chez tous
les Alliez les plus proches, pour
les prier de les aſſiſter dans leurs
deſſeins. Ils tiennent Conſeil là
deſſus, ils voyent ce qu'ils peuuent
donner de monde, ou pluſtoſt ils
exhortent leur ieuneſſe à aller
ioindre le gros.

Quand ils ſont tous aſſemblez,
               & qu'ils

& qu'ils marchent, ils ont toûjours des découureurs qui vont
deuant ; chaque Village qui a
fourny du monde, a des Capitaines qui les commandent ; & tous
ces Capitaines-là s'assemblent souuent pour tenir conseil sur toutes
sortes de choses : car ils ne negli-
gent rien.

Ils exhortent souuent leurs sol-
dats à tenir bon à l'occasion, & ne
point s'enfuyr, leur representant
que les gens de cœur & de courage ne s'enfuyent iamais.

Il n'y a point de chastiment chez
eux pour ceux qui se sont enfuys,
sinon qu'on les qualifie de pol-
tron, mais encore tout bas.

Quand ils rencontrent l'Ennemy & qu'on est aux prises, les Capitaines seruent de tambours & de
trompettes, & crient sans cesse,
Courage jeunesse, courage, ils

F

font à nous, que perfonne ne fuye:
cela les anime beaucoup ; car ils
refpectent fort leurs Capitaines.

Ils font adroits à furprendre , &
à dreffer vne embufcade ; ils ne fe
prennent pas mal à faire vne re-
traite honorable , quand ils fe
voyent preffez : ils nous l'ont fait
voir par experience.

Ils font vigoureux d'abord,
mais ils ne font pas de longue re-
fiftance. Ce ne font pas auffi gens
à fe battre en raze campagne. Ils
ne commencent iamais de com-
bats qu'ils ne faffent auparauant
vn cry tous enfemble , pour éton-
ner leurs Ennemis d'abord.

Ils font adroits à manier les armes à feu, tirent fort bien vn coup
de fufil.

Ils ont des fimples parmy eux,
qui font excellens pour guarir les
bleffeures; fur tout d'armes à feu.

Ils sont de grande fatigue &
bien dispos : ils vont fort bien du
pied , & ont vne addresse toute
particuliere à se reconnoistre dans
les bois, & ne s'y perdent quasi iamais.

✱✱✱✱✱✱✱✱✱✱✱✱✱✱✱✱✱✱

De la façon qu'ils traitent les Prisonniers de Guerre.

CHAPITRE XII.

Vand ils ont pris des prisonniers, ils leur coupent quelques doigts d'abord : ils les lient
par les bras & par les jambes auec
des cordes : sinon que lors qu'il
faut marcher, ils leur laissent les
jambes libres.

Le soir quand ils cabanent, ils
font coucher le prisonnier sur le

dos contre terre, & ils plantent de
petits pieux en terre, au droit des
pieds, des mains, du col, & de la
teste : en suite ils lient le prisonnier à ces pieux, de sorte qu'il ne
peut remuer : ce qui est vne peine
plus grande que l'on ne pourroit
croire, principalement l'Esté, à
cause des Maringoins qui les mangent, car ils sont nuds.

Arriuant à l'entrée des Bourgades, tout le peuple vient au deuant ; il est libre à vn chacun de
leur faire tout le mal qu'ils vou-
dront, à la reserue de les tuer : a-
lors vous y voyez les vns armez
de cousteaux, soit pour couper des
doigts, ou pour faire des incisions
le long des bras, du dos, & autres
parties charnuës, le prisonnier
estant tout nud ; d'autres ont des
bastons dequoy ils le bastonnent.
Il y en a qui ont des verges, des

ronces & des bouts de corde. Auec
tous ces inſtrumens, on le careſſe
à ſon entrée; car c'eſt leur façon
de parler.

Il faut pendant tout ce temps-là
que le priſonnier chante, s'il veut
paroiſtre homme de cœur & de
courage. Et en effet, les Sauuages
ne manquent iamais de chanter
pendant tout le temps qu'on les
tourmente; (mais ce chant eſt vn
chant lugubre.)

Apres qu'ils ſont entrez dans le
Bourg, on les mene de cabane en
cabane, chez les principaux, & par
tout là il faut qu'ils chantent.

Apres vn iour ou deux qui ſe
ſont paſſez dans ces triſtes prelu-
des, les Capitaines tiennent Conſeil pour le condamner à la mort,
ou luy donner la vie: s'il eſt con-
damné à la mort, celuy-là a qui il
a eſté donné (car c'eſt leur couſtu-

me de les donner pour quelqu'vn
qui eſt mort en guerre.) Celuy-là
dis-je fait feſtin ; & quand tous les
conuiez ſont aſſemblez, il leur dit;
Voila mon fils ou mon neveu, (ſelon le degré de parenté que luy
eſtoit celuy pour qui le priſonnier
a eſté donné,) qui vous fait ſon
feſtin d'Adieu. C'eſt leur couſtu-
me quand ils entreprennent quelque grand voyage, de faire feſtin
auparauant que de partir, qu'ils
appellent feſtin d'Adieu : en ſuite
le priſonnier chante, & apres luy
vne partie des conuiez chantent
auſſi.

Apres que l'on eſt retiré, on diſ-
poſe vne cabane pour brûler le
priſonnier : on y fait quantité de
feux ; on aduertit par le Bourg de
l'heure que l'on doit commencer
à le bruſler, afin qu'on s'y trouue.

Quand l'heure eſt venuë, on y mene le pauure patient ; il a les bras liez au corps au deſſus du coude, & vne corde aux jambes enuiron de deux pieds de long|, afin qu'il ne puiſſe faire de plus grandes éjambées. Tous ces gens ſont arrangez des deux coſtez de la cabane : Vous ſçaurez en paſſant, qu'ils ne ſçauent ce que c'eſt que de cheminée, & qu'ils font le feu au milieu de la place.

Ils laiſſent donc vn petit chemin entre les feux qui ſont allumez au milieu de la cabane tout au long, d'eſpace en eſpace, & entre les hommes qui ſont rangez des deux coſtez, aſſis ſur le cul comme des Singes; & c'eſt par où doit courir le priſonnier.

Chacun à vn tiſon bien embraſé, ou vn morceau de fer tout rouge de feu : quand tout eſt diſposé,

quelques Capitaines qui font au
bout de la cabane auec le prifonnier, crient tout haut ; Voila le prifonnier qui va partir, que chacun
fe difpofe à bien faire ; mais qu'on
ne le brufle que jufques à la cein-
ture.

En fuite on luy fait commande-
ment de partir : ce qu'il fait courant, ou pour mieux dire troti-
nant le plus vifte qu'il peut, entre
le feu & fes bourreaux, qui tous le
bruflent en paffant ; les vns aux
jambes, les autres aux cuiffes :
mais cela auec vne barbarie qui
n'appartient qu'à eux.

Ie vous auouë que c'eft vne
vraye reprefentation d'Enfer ; car
vous voyez vne grande cabane
pleine par le milieu de feu, & toute
remplie de fumée, où l'on ne voit
goute ; car c'eft d'ordinaire la nuit
que cela fe fait : vous y voyez pa-

roiftre vne multitude de monde; les vns font affis, les autres debout; les vns feruent de bourreaux, les autres de fpectateurs, qui fe mocquent & fe rient du pauure patient. Parmy tout cela, vous voyez vn pauure miferable tout nud, & tout grillé, abandonné à la rage de ces barbares.

Apres qu'ils luy ont fait faire le nombre des tours de cabane qui a efté ordonné par les Anciens, qui eft d'ordinaire de dix ou de douze; la nuit eftant prefque paffée, tout le monde fe retire, à la referue de quelques-vns qui demeurent pour garder le prifonnier jufques au matin, que fe doit faire le refte de l'execution.

Pendant ce temps-là, il eft attaché à vn poteau, & pas bien loin d'vn grand feu, dans lequel rougiffent des haches, dont on fe fert

ɼour le bruſler, l'interrogeant de
temps en temps de l'eſtat de ſon
Pays, & des choſes qu'ils deſirent
ſçauoir : & s'ils voyent qu'il leur
diſſimule quelque choſe, ils luy
redoublent ſes tourmens ; c'eſt à
quoy ſe paſſe le reſte de la nuit.

Le iour eſtant venu, enuiron le
Soleil leuant, on aduertit les femmes d'aller faire des feux dans la
place où eſt dreſſé l'Echafaut.
I'oubliois à dire que dés qu'vn
priſonnier eſt arriué, on luy en
dreſſe vn ; ſoit qu'on le veüille faire mourir, ou non, ſur lequel
échafaut on le fait monter pluſieurs fois le iour, pour eſtre ex-
poſé à la veuë du peuple.

Quand tous ces feux ſont faits,
l'on conduit le patient ſur cét échafaut, au milieu duquel on a planté
vne grande perche, ou pluſtoſt vn
pieu fort haut ; on luy fait embraſ-

fer ce pieu, luy liant les deux mains
enfemble. La corde pareillement
qui luy lië les deux jambes, fait vn
cercle autour de ce mefme pieu ;
de forte qu'il peut tourner tout à
l'entour de ce pieu.

Il eft là expofé tout nud; il y a
quatre échelles aux quatre coftez
de l'échafaut; & pour lors, il eft
libre à vn chacun de monter fur
l'échafaut pour le tourmenter. On
ne manque pas de bourreaux, car
il y en a affez : Nous auons remar-
qué que les plus cruels, font cer-
tains poltrons qui ne vont iamais
en guerre.

Ils le montent donc fur l'échafaut, & ils le bruflent auec des ti-
fons ; mais auec autant de froi-
deur, que fi c'eftoit vn morceau
de bois.

Apres deux ou trois heures
qu'ils l'ont tourmenté de la forte,

& qu'il ne reſſemble qu'à vn charbon, ils luy écorchent la teſte, pour
luy leuer la cheuelure : c'eſt ce
qu'ils font à tous ceux qu'ils tuent
en guerre, ou qu'ils bruſlent chez
eux. En ſuite s'il reſte de la vie au
patient, ils luy coupent le col auec
vn couſteau, luy fendent la poi-
trine, & luy en tirent le cœur ; & ſi
ç'a eſté vn homme courageux, qui
n'ait fait aucun cry pendant qu'on
l'a tourmenté, il y en a qui boiuent de ſon ſang, pour s'incorpo-
rer ſon courage.

En ſuite on le coupe par quartiers, & on le jette à la voirie ; ou
quelquesfois ils le font cuire, & le
mangent par rage.

Quand les Capitaines ont reſolu de donner la vie au priſonnier,
& que celuy à qui il a eſté donné y
conſent (car il y peut plus que pas
vn autre) on va auſſi-toſt le délier,

on le publie par le Bourg, & pour
lors on le traite bien, perſonne
n'oſeroit plus luy faire de mal,
quoy qu'on ne laiſſe pas de le re-
garder comme vn eſclaue, & il eſt
obligé de ſeruir celuy à qui il a eſté
donné en cette qualité-là. Il eſt en
ſeureté pour ſa vie, pourueu qu'il
ne ſoit point ſoupçonné de ſe
vouloir ſauuer, & qu'il ne deſ-
obeïſſe point à ce qu'on luy com-
mande; que s'il eſt ſoupçonné de
ſe vouloir ſauuer, auſſi-toſt on luy
fend la teſte auec vne hache: on
luy en fait tout autant quand il
fait difficulté d'obeyr.

Si Dieu nous fait la grace d'eſtre
vn iour les Maiſtres, il ſera aiſé de
leur oſter ces Barbares couſtumes,
& de les rendre plus policez: car
comme j'ay deſia dit, ils ont le ſens
commun fort bon, & ils ſe laiſſent
aſſez facilement gagner à la raiſõ;

& quand ils font vne fois conuain-
cus d'vne chofe, ils ont peine d'en
démordre ; témoins. ces pauures
miferables Hurons & Huronnes,
qui ont efté faits captifs par les
Iroquois, & qui auoient efté in-
ftruits & baptifez par les Peres Iefuites , qui gardent auec tant de
fermeté & de conftance leur Religion , au milieu de leurs Ennemis,
& qui font honte à beaucoup de libertins François, qui ne fe font
pas comportez fi Religieufement
parmy les Ennemis , comme ces
pauures gens, qui volent de joye
quand ils peuuent rencontrer vn
Pere Iefuite , pour fe confeffer &
receuoir leurs Sacremens.

❧❧❧: ❧❧❧ ❧❧❧ ❧❧❧ ❧❧❧

Réponses aux questions qui ont esté faites à l'Autheur lors qu'il estoit en France.

CHAPITRE XIII.

PEndant mon sejour en France, il m'a esté fait diuerses questions par plusieurs honnestes gens, concernant le pays de la Nouuelle France. I'ay creu que i'obligerois le Lecteur curieux de les mettre icy, & d'en faire vn Chapitre exprés, auec les réponses, qui donneront beaucoup d'intelligence & de connoissance à ceux qui ont de l'affection pour ce pays icy, ou qui souhaiteroient d'y venir.

Ie commenceray donc par

vne affez commune, qui eft, fi la
vigne y vient bien. I'ay déja dit
que les vignes fauuages y font
en abondance, & que mefme on
en a éprouué de celle de France,
qui y vient affez bien. Mais pourquoy ne faites-vous donc pas
des vignes? Ie répons à cela, qu'il
faut manger auant que de boire;
& par ainfi qu'il faut fonger à faire du bled auant que de planter
de la vigne: on fe paffe mieux de
vin que de pain; c'eft tout ce
qu'on a pû faire que de défricher
des terres pour faire des grains,
& non autre chofe.

Le vin y eft-il cher? Ie répons,
qu'il y vaut dix fols la pinte; l'eau
de vie y vaut trente fols la pinte,
& le vin d'Efpagne y vaut autant
la mefure eft femblable à celle de
Paris.

Le bled y eft-il cher? Le fro-

ment y vaut cent fols le minot,
pefant foixante liures : & quelquefois il vaut fix francs.

Les pois y valent vn écu le
minot, & quelquefois iufques à
quatre francs.

Les iournées des hommes y
font-elles cheres ? Vingt fols
eftant nourris pendant l'hyuer,
& trente fols eftant nourris pendant l'Efté.

Y a-il des cheuaux dans le
pays ? Ie répons que non.

N'y a-il pas des prairies pour
faire du foin ? l'auoine n'y vient-
elle pas bien ? parfaitement bien,
& il y a de tres-belles prairies :
mais il eft affez dangereux d'a-
uoir le foin, tant que les Iroquois
nous feront la guerre, & fur tout
aux habitations des Trois-Riuieres & du Mont-Royal : car les
faucheurs & les feneurs font toû-

jours en danger d'estre tuez par ces Iroquois. Voila la raison pourquoy on fait moins de foin, quoy que nous ayons de belles & grandes prairies, où il y a de tres-bonne herbe propre à ce faire. Mais il y a encore vne autre raison qui empesche d'auoir des cheuaux, c'est qu'il cousteroit beaucoup à les faire venir de France : il y a peu de personnes qui ayent dequoy faire ces dépenses; & d'ailleurs l'on craint qu'estans venus les Iroquois ne les tuent, comme ils font nos autres bestiaux, ce qui feroit bien fascheux à celuy qui auroit fait la dépense de les faire venir. Et puis on espere toûjours que nostre bon Roy assistera ce pays icy, & qu'il fera destruire cette canaille d'Iroquois.

Y a-il bien des habitans ? A cela ie ne peux rien répondre

d'affeuré, finon que l'on m'a dit qu'il y en auoit enuiron huit cens à Québec, pour les autres habitations il n'y en a pas tant.

Les habitans ont-ils bien des enfans? Ouy, qui viennent bien-faits, grands & robuftes, auffi bien les filles que les garçons : ils ont communément l'efprit affez bon, mais vn peu libertins, c'eft à dire, qu'on a de la peine à les captiuer pour les eftudes.

. Pourquoy ne fait-on pas quantité de chanvres puis qu'il vient fi bien? La mefme raifon que i'ay apporté pour la vigne, ie l'apporte pour le chanvre, fçauoir que nous n'auons fongé qu'au bled iufques à maintenant, comme le plus neceffaire. I'ajoufte feulement que nous fommes trop peu de monde : car apres la défaite de l'Iroquois, il ne manquera que

des habitans icy, pour y auoir
tout ce que l'on y peut souhaiter.
- Quelle boisson boit-on à l'ordinaire? Du vin dans les meilleures maisons, de la biere dans
d'autres : vn autre breuuage qu'on
appelle du boüillon, qui se boit
communément dans toutes les
maisons ; les plus pauures boiuent
de l'eau, qui est fort bonne & commune en ce pays icy.

Dequoy sont basties les maisons? Les vnes sont basties toutes
de pierre, & couuertes de planches ou aix de pin ; les autres sont
basties de collombage ou charpente, & massonnées entre les
deux : d'autres sont basties tout à
fait de bois; & toutes lesdites maisons se couurent comme dit est, de
planches.

Le chaud en Esté y est-il bien
grand? Il y est enuiron comme

dans le pays d'Aunis.

Les froids y font-ils grands l'Hyuer? Il y a quelques iournées qui font bien rudes, mais cela n'empefche point que l'on ne faffe ce que l'on a à faire; on s'habille vn peu plus qu'à l'ordinaire; on fe couure les mains de certaines moufles, appellées en ce pays icy des mitaines: l'on fait bon feu dâs les maifons, car le bois ne coufte rien icy qu'à bûcher & a apporter au feu. On fe fert de bœufs pour le charrier, fur certaines machines qu'on appellé des traifnes: cela gliffe fur la neige, & vn bœuf feul en mene autant que deux bœufs feroient en Efté dans vne charette. Et comme i'ay déja dit, la plufpart des iours font extrémement ferains, & il pleut fort peu pendant l'Hyuer. Ce que i'y trouue de plus importun, c'eft qu'il

faut nourrir les bestiaux à l'esta-
ble plus de quatre mois, à cause
que la terre est couuerte de neiges pendant ce temps-là : si la neige nous cause cette incommodité,
elle nous rend d'vn autre costé vn
grand seruice, qui est qu'elle nous
donne vne facilité de tirer les bois
des forests, dont nous auons be-
soin pour les bastimens , tant de
terre que d'eau , & pour autres
choses. Nous tirons tout ce bois
de la forest, par le moyen de ces
traisnes dont j'ay parlé, auec grande facilité , & bien plus commodé-
ment , & à beaucoup moins de
frais , que si c'estoit en Esté par
Charette.

L'air y est extremément sain en
tout temps : mais sur tout l'Hyuer ; on voit rarement des mala-
dies en ces Pays-icy ; il est peu su-
jet aux bruines & aux broüillards;

l'air y eſt extremément ſubtil. A
l'entrée du Golfe & du Fleuue, les
bruines y ſont frequentes, à cauſe
du voiſinage de la mer : on y voit
fort peu d'orages.

Mais quel profit peut-on faire
là ? Qu'en peut-on tirer? C'eſt vne
queſtion qui m'a eſté faite ſou-
uentefois, & qui me donnoit enuie de rire, toutes les fois qu'on
me la faiſoit : il me ſembloit voir
des gens qui demandoient à faire
recolte auant que d'auoir ſemé.
Apres auoir dit que le Pays eſt
bon, capable de produire toutes
ſortes de choſes comme en France,
qu'on s'y porte bien, qu'il ne manque que du monde, que le Pays
eſt extremément grand, & qu'in-
failliblement il y a de grandes
richeſſes que nous n'auons pas
peu découurir, parce que nous
auons vn ennemy qui nous tient

resserré dans vn petit coin, & nous
empesche de nous écarter pour
faire aucune découuerte : Ainsi il
faudroit qu'il fust détruit , qu'il
vint beaucoup de monde en ce
Pays-icy , & puis on connoistroit
la richesse du Pays : mais pour faire cela , il faut que quelqu'vn en
fasse la dépence : mais qui la fera,
si ce n'est nostre bon Roy ? Il a té-
moigné le vouloir faire, Dieu luy
veüille continuer sa bonne vo-
lonté.

Les Anglois nos voisins ont fait
d'abord de grandes dépenses pour
les habitations là où ils se sont pla-
cez ; ils y ont jetté force monde, &
l'on y compte à present cinquante
mil hommes portans les armes :
c'est merueille que de voir leurs
Pays à present ; l'on y trouue toutes sortes de choses comme en Europe , & à la moitié meilleur marché.

ché. Ils y baſtiſſent quantité de
Vaiſſeaux de toutes façons : ils y
font valoir les mines de fer : ils
ont de belles Villes : il y a Meſſa-
gerie & Poſte de l'vne à l'autre : ils
ont des Caroſſes comme en France : ceux qui ont fait les auances
trouuent bien à preſent leurs com-
ptes : ce Pays-là n'eſt pas autre
que le noſtre : ce qui ſe fait là, ſe
peut faire icy

Cela n'empeſchera pas que ie
ne vous diſe ce que ie crois que
l'on peut faire, & dont l'on peut
tirer beaucoup de profit : premie-
rement la peſche de la Moluë, qui
eſt abondante à l'entrée du Fleuue, aux enuirons de Gaſpé.

Secondement les huiles, tant
de Loups-marins, que de Mar-
ſoins, dont il y a abondance dans
le fleuue Saint Laurens, comme
j'ay deſia dit. Il eſt vray qu'il y a

G

quelque dépenſe à faire pour cela mais elle ne ſeroit pas conſiderable, à l'égal du grand profit qu'on en peut eſperer.

Il y a des mines de fer, de cuiure, d'eſtain, d'antimoine, & de plomb; pluſieurs croyent qu'il y a auſſi des ſouffrieres.

I'ay parlé à vn faiſeur de ſalpêtre, qui m'a dit qu'on en trouueroit icy d'auſſi bon, qu'en aucun lieu du monde, & en quantité.

Pour le charbon de bois de Cedre, il eſt ſans comparaiſon beaucoup meilleur qu'aucun, dans la compoſition de la poudre & des artifices.

De plus, les bois qui ſont icy en ſi grande abondance, ne peuuent-ils pas jetter vn grand profit, ſoit pour les baſtimens de mer, ou autres ouurages, à quoy ils peuuent eſtre vtiles.

La terre eftant bonne, ne peut-elle pas donner vn grand profit, non feulement pour toute forte de grains, qu'on en pourroit tirer abondamment ; mais pour les chanvres & lins, qui venans bien, on en peut faire en abondance, & en faire par confequent grand profit.

Ie ne parle point de l'abondance des Animaux qui s'y peuuent nourrir, comme de beaucoup d'autres chofes que vous voyez auffi bien que moy, apres la defcription que ie vous ay faite.

Toutes les Riuieres font-elles nauigables ? Ie répons que oüy, auec les canots fauuages ; mais non pas auec nos baftimens. Les Nauires ne peuuent pas paffer Quebec, à ce que l'on croit, les Barques & Chaloupes ne peuuent pas aller plus loin que Mont-

Royal ; du Mont-Royal jusques dans le lac des Iroquois, il se trouue quarante licuës de rapides, que l'on ne peut pas monter qu'auec des canots, & des bateaux plats : encore les faut-il tirer, comme on tire les bateaux en montant le long de la Sene. Apres quoy dans tous ces grands lacs , on y peut aller auec barques & chaloupes.

Ce qui empesche nos Riuieres d'estre nauigables , se font des cheutes d'eau qui se rencontrent par endroits, ou des rapides : & cela aux vnes plus qu'aux autres ; car à la riuiere du Saguené, on va jusques à quarante ou cinquante licuës auec vne double chaloupe ; & au contraire, dans la riuiere des Trois-Riuieres , l'on n'y va pas plus de quatre licuës : Si ce Pays-icy estoit habité, ie ne doute pas que l'on ne rendist nauigable plu-

sieurs riuieres qui ne le font
point, & cela à peu de frais : car il
y a telle riuiere, où il n'y a qu'vn
rapide d'vn quart de lieuë, apres
lequel on pourroit aller bien loin :
cependant, cela la rend inacceßi-
ble à nos baftimens.

Il me femble que j'entens quelqu'vn qui dit, Vous nous auez
beaucoup dit de bien de la Nouuelle France, mais vous ne nous
en faites point voir les maux, ny
les incommoditez : cependant,
nous fçauons bien qu'il n'y a point
de Pays au monde, quelque bon
qu'il puiffe eftre, où il ne fe rencontre quelque chofe de fâcheux.
Ie vous répons que vous auez raifon : ç'a efté auffi mon deffein dans
tout mon difcours, de vous en
donner la connoiffance : mais afin
de vous les faire mieux conce-
uoir, ie mettray icy en détail ce

que ie juge de plus incommode ou importun, que ie reduiray à quatre ou cinq chefs.

Le premier sont les Iroquois nos Ennemis, qui nous tiennent resserrez de si prés, qu'ils nous empeschent de jouyr des commoditez du Pays : on ne peut aller à la chasse, ny à la pesche, qu'en crainte d'estre tué, ou pris de ces coquins-là : & mesme on ne peut labourer les champs, & encore bien moins faire les foins, qu'en continuelle risque : car ils dressent des embuscades de tous costez, & il ne faut qu'vn petit buisson pour mettre six ou sept de ces barbares à l'abry, ou pour mieux dire à l'afust, qui se jettent sur vous à l'improuiste, soit que vous soyez à vôtre trauail, ou que vous y alliez. Ils n'attaquent iamais qu'ils ne se voyent les plus forts ; s'ils sont les

lus foibles, ils ne difent mot: fi
par hazard ils font découuerts, ils
quittent tout, & s'enfuyent ; &
comme ils vont bien du pied, il eft
mal-aifé de les attraper: ainfi vous
voyez que l'on eft toufiours en
crainte, & qu'vn pauure homme
ne trauaille point en feureté, s'il
s'écarte vn peu au loin. Vne femme eft toufiours dans l'inquietude
que fon mary, qui eft party le matin pour fon trauail, ne foit tué ou
pris, & que iamais elle ne le re-
uoye : c'eft la caufe que la plufpart
des Habitans font pauures , non
feulement pour la raifon que ie
viens de dire, qu'on ne peut pas
jouyr des commoditez du Pays;
mais parce qu'ils tuënt fouuent le
beftail; empefchent quelquesfois
de faire les recoltes , bruflent &
pillent d'autres fois les maifons
quand ils les peuuent furprendre.

Ce mal eſt grand, mais il n'eſt
pas ſans remede, & nous l'atten-
dons de la charité de noſtre bon
Roy , qui m'a dit qu'il nous en
vouloit deliurer. Ce n'eſt pas vne
choſe bien mal-aisée, puis qu'ils
ne ſont pas plus de huit à neuf
cens hommes portans les armes. Il
eſt vray qu'ils ſont ſoldats, & bien
adroits dans les bois ; ils l'ont fait
voir à nos Capitaines venus de
France , qui les mépriſoient : les
vns y ſont demeurez, & les autres
ont eſté contraints d'aoüer qu'il
ne faut point ſe negliger , quand
on va à la guerre contre-eux; qu'ils
entendent le meſtier , & qu'ils ne
ſont point barbares en ce point ;
mais apres tout, mille ou douze
cens hommes biens conduits, feroient dire; ils ont eſté, mais ils ne
ſont plus : cela mettroit la reputa-
tion des François bien haut dans

tout le Pays de la Nouuelle-France, d'auoir exterminé vne Nation qui en a fait tant perir d'autres, & qui est la terreur de tous ces Pays-icy.

La seconde incommodité que ie trouue icy, sont des Maringoins, autrement appellez Cousins, qui sont en grande abondance dans les forests, pendant trois mois de l'Esté : il s'en trouue peu dans les campagnes, à raison qu'ils ne peuuent resister au vent; car le moindre petit vent les emporte : mais dans les bois, où ils sont à l'abry, ils y sont estrangemét importuns; & sur tout le soir & le matin, & picquent plus viuement quand ils sentent de la pluye, qu'en vn autre temps. Il s'est trouué des personnes qui en auoient le visage extremément enflé; mais cela ne dure pas, car au bout de vingt-qua-

G y

tre heures, il n'y paroiſt quaſi plus;
la fumée les fait fuyr; c'eſt pourquoy on fait touſiours du feu &
de la fumée proche de ſoy, quand
on couche dans le bois.

La troiſiéme incommodité que
ie rencontre, c'eſt la longueur de
l'Hyuer, ſur tout deuers Quebec:
Ie n'en parleray pas dauantage,
veu que j'en ay dit aſſez cy-deſſus:
Ie diray ſeulement que les neiges
y ſont de trois à quatre pieds de
haut, ie dis à Quebec: car aux autres habitations, il y en a beaucoup moins, comme j'ay deſia
dit.

Dans le pays des Iroquois, s'y
trouuent de certaines couleuures,
qu'on appelle des Serpens à ſon-
nettes, qui ſont dangereuſes pour
leurs morſures; j'en ay deſia parlé,
ainſi ie n'en diray rien dauantage,
ſinon qu'il n'y en a point dans ces

quartiers-icy : Voila les plus grandes incommoditez dont j'ay connoiſſance.

Voicy encore vne queſtion qui m'a eſté faite, ſçauoir comme on vit en ce Pays-icy ; ſi la Iuſtice s'y rend ; s'il n'y a point bien du libertinage, veu qu'il y paſſe, dit-on, quantité de garnemens, & des filles mal-viuantes.

I'y répondray à tous les points l'vn apres l'autre, & ie commenceray par le dernier. Il n'eſt pas vray qu'il vienne icy de ces ſortes de filles, & ceux qui en parlent de la façon ſe ſont grandement mépris, & ont pris les Iſles de Saint Chriſtophle & la Martinique pour la Nouuelle-France : s'il y en vient icy, on ne les connoiſt point pour telles ; car auant que de les embarquer, il faut qu'il y aye quelques-vns de leurs parens ou amis, qui

asseurent qu'elles ont tousiours
esté sages : si par hazard il s'en
trouue quelques-vnes de celles
qui viennent, qui soient décriées,
ou que pendant la trauersée elles
ayent eu le bruit de se mal-com-
porter, on les r'enuoye en France.

Pour ce qui est des garnemens,
s'il y en passe, c'est qu'on ne les
connoist pas ; & quand ils sont
dans le Pays, ils sont obligez de
viure en honnestes gens , autrement il n'y auroit pas de jeu pour
eux : on sçait aussi-bien pendre en
ce pays-icy qu'ailleurs, & on l'a
fait voir à quelques-vns, qui n'ont
pas esté sages.

Pour la Iustice, elle se rend icy;
il y a des Iuges : & quand on ne se
trouue content, on en appelle deuant le Gouuerneur, & vn Conseil Souuerain establi par le Roy
à Quebec.

Iufques à cette heure on a veſ-
eu aſſez doucement, parce que
Dieu nous a fait la grace d'auoir
touſiours des Gouuerneurs qui
ont eſté gens de bien, & d'ailleurs
nous auons icy les Peres Ieſuites
qui prennent vn grand ſoin d'in-
ſtruire le monde : de ſorte que
tout y va paiſiblement ; on y vit
beaucoup dans la crainte de Dieu,
& il ne ſe paſſe rien de ſcandaleux :
qu'on n'y apporte auſſi-toſt remede : la deuotion eſt grande en tout
le Pays.

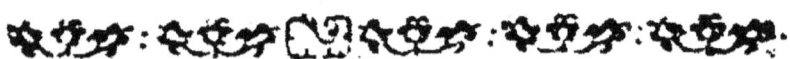

Suite du meſme ſujet.

CHAPITRE XIV.

PLuſieurs perſonnes qui apres
auoir entendu diſcourir de la
Nouuelle France, ſoit qu'il leur
prit enuie d'y venir, ou non, faiſoient cette queſtion : Penſez-

vous que ie fuſſe propre pour ce
pays-là? que faudroit-il faire pour
y aller habiter? ſi i'y portois quatre ou cinq mille francs, pourrois-
je auec cela m'y accommoder
honneſtement? & en ſuitte beaucoup d'autres queſtions que ie
mettray les vnes apres les autres,
apres auoir répondu à celle-cy.

Vous me demandez premiere-
ment ſi vous eſtes propre pour ce
pays? La réponſe que ie vous fais,
c'eſt que ce pays icy n'eſt pas encore propre pour les perſonnes de
condition qui ſont extrémement
riches, parce qu'ils n'y rencontre-
roient pas toutes les douceurs
qu'ils ſont en France : il faut at-
tendre qu'il ſoit plus habité, à
moins que ce ne fuſſent des perſonnes qui vouluſſent ſe retirer
du monde, pour mener vne vie
plus douce & plus tranquille, hors

de l'embaras : ou quelqu'vn qui
euft enuie de s'immortalifer par la
baftiffe de quelques Villes, ou autres chofes de confiderable dans ce
nouueau monde.

Les perfonnes qui font bonnes
dans ce pays icy, font des gens qui
mettent la main à l'œuure, foit
pour faire, ou pour faire faire
leurs habitations, baftimens & autres chofes : car comme les iournées des hommes font extrémement cheres icy, vn homme qui
ne prendroit pas foin, & qui n'v-
feroit pas d'œconomie fe ruine-
roit ; mais pour bien faire, il faut
toufiours commencer par le dé-
frichement des terres, & faire vne
bonne métairie, & par apres on
fonge à autres chofes; & ne pas faire comme quelques-vns que i'ay
veu , qui ont dépenfé tous leurs
biens à faire faire de beaux bafti-

mens, qu'ils ont esté contraints de vendre apres, à beaucoup moins. qu'ils ne leur auoient cousté.

Ie suppose que ie parle à des personnes qui ne viennét s'establir dans le pays à autre dessein que pour y faire vn reuenu, & non pas. pour y faire marchandise.

Il feroit bon qu'vn homme qui viendroit pour habiter, ap-portast des viures du moins pour vn an ou deux, si faire se peut; sur tout de la farine, qu'il aura à beau-coup meilleur marché en France, & mesme n'est pas asseuré d'en trouuer tousiours icy pour son ar-gent; car s'il venoit grand monde de France sans en apporter , & qu'il arriuast vne mauuaise année pour les grains, comme Dieu nous en garde, ils se trouueroient bien empeschez.

Il est bon aussi de se fournir de

hardes, car elles vallent icy le double qu'en France.

L'argent y eft auffi plus cher,
il y hauffe du quart, en forte qu'v-
ne piece de quinze fols en vaut
vingt : ainfi àproportion du refte.

Vn homme qui auroit dequoy,
ie luy confeillerois d'amener icy
deux bons hommes de trauail,
pour défricher les terres, ou dauantage mefme, s'il a le moyen :
c'eft pour répondre à la queftion,
fi vne perfonne qui employeroit
trois ou quatre mille francs, pourroit faire quelque chofe; il fe mettroit en trois ou quatre ans bien à
fon aife, pourueu qu'il veüille vfer
d'œconomie, comme i'ay déja dit.

La plufpart de nos habitans qui
font icy, font des gens qui font
venus en qualité de feruiteurs, &
apres auoir feruy trois ans chez
vn Maiftre, fe mettent à eux; ils

n'ont pas trauaillé plus d'vne année qu'ils ont défriché des terres,
& qu'ils recueillent du grain plus
qu'il n'en faut pour les nourrir.
Quand ils ſe mettent à eux, d'ordinaire ils ont peu de choſe, ils ſe
marient en ſuite à vne femme qui
n'en a pas dauantage; cependant
en moins de quatre ou cinq ans
vous les voyez à leur aiſe, s'ils ſont
vn peu gens de trauail , & bien
ajuſtez pour des gens de leur condition.

Tous les pauures gens ſeroient
bien mieux icy qu'en France,
pourueu qu'ils ne fuſſent pas pa-
reſſeux; ils ne manqueroient pas
icy d'employ , & ne pourroient
pas dire ce qu'ils diſent en France,
qu'ils ſont obligez de chercher
leur vie , parce qu'ils ne trouuent
perſonne qui leur veüille donner
de la beſongne ; en vn mot, il ne

faut perfonne icy , tant homme que femme, qui ne foit propre à mettre la main à l'œuure , à moins que d'eftre bien riche.

Le trauail des femmes confifte dans le foin de leurs ménages , à nourrir & à penfer leurs beftiaux; car il y a peu de feruantes icy : ainfi les femmes font contraintes de faire leurs ménages elles-mefmes: toutesfois ceux qui ont dequoy prennent des valets, qui font ce que feroit vne feruante.

✻✻✻✻✻✻✻✻✻✻✻✻✻✻✻✻✻✻✻

Remarques qui ont efté obmifes aux Chapitres precedens.

CHAPITRE XII.

PVifqu'il me refte encore vn peu de temps , ie feray ce

Chapitre de diuerſes choſes que j'ay obmiſes dans les precedens, qui ne ſeront pas deſagreables au Lecteur curieux.

Cette Fontaine dont j'ay parlé cy-deuant, qui eſt dans le pays des Iroquois, & dont ils ſe ſeruent comme d'huile; quand on la remuë auec vn baſton, elle jette comme des flammes; mais comme j'ay deſia dit, elle n'eſt point bonne à bruſler ny à manger, mais ſimplement à graiſſer.

Cette Mine de plomb, dont j'ay parlé, qui n'eſt pas bien loin d'icy, rend ſoixante & quinze pour cent; & les Iroquois coupent de ce rocher, auec leurs haches, & en font de petits baſtons quarrez qu'ils coupent de longueur, pour s'en ſeruir à tirer quand ils vont en guerre, lors que les balles leur manquent.

Dans le lac Superieur, il y a vne grande Ifle, qui a enuiron cinquäte lieuës de tour, dans laquelle il y a vne fort belle mine de cuiure rouge; il s'en trouue en diuers endroits de gros morceaux tout rafinez.

Il y a d'autres endroits de ces quartiers-là, où il y a de pareilles mines, ainfi que j'ay appris de quatre ou cinq François, qui en font reuenus depuis peu, qui eftoient allez là en la compagnie d'vn Pere Iefuite, qui y eftoit allé en Miffion, & qui y eft mort. Ils y ont pafsé trois ans, auant que de trouuer occafion de s'en reuenir: ils m'ont dit qu'ils ont veu vn lingot de Cuiure tout rafiné, qui eft le long d'vne cofte, & qui peze plus de huit cens liures, felon leur eftime: ils difent que les Sauuages en paffant, font du feu deffus, apres

quoy ils en coupent des morceaux
auec leurs haches; vn d'entre-eux
en voulut faire de mefme, il y
caffa toute fa hache: le chemin ne
feroit pas mal-aifé, fi nous eftions
les Maiftres des Iroquois, & qu'on
peuft paffer pardeuant leur grand
Lac.

Ils m'ont appris de plus, qu'il
fe trouue là de belles pierres
bleuës, qu'on croit eftre des Tur-
quoifes.

Il fe trouue auffi des pierres ver-
tes, comme des Emeraudes.

Il y a auffi des Diamans; mais ie
ne fçay pas s'ils font fins: Ils n'ont
peu aller jufques au lieu où ces
pierres font, les Sauuages ne les y
voulant pas conduire fans recom-
penfe, veu qu'il y auoit vn peu
loin: eux fe trouuans dans la neceffité, n'oferent en faire la dépen-
fe, ne s'y connoiffans pas affez

pour fçauoir fi elles eftoient bonnes, ou non.

Il fe trouue auffi des pierres rouges de deux fortes ; les vnes de
rouge d'écarlate, & les autres d'vn
rouge de fang de bœuf ; les Sauuages s'en feruent pour faire des ca-
lumets ou pipes , pour prendre
leur tabac, dont ils font bien de
l'eftat.

Il fe rencontre auffi des teintu-
res , de toutes fortes de couleurs,
dont les Sauuages fe feruent ; def-
quelles ie ne feray pas vne grande
defcription, pour n'en auoir pas
vne parfaite connoiffance , finon
d'vne petite racine de bois, dont
ils fe feruent pour teindre en couleur de feu, qui a la couleur bien
viue. Pour les autres couleurs, ils
fe feruent d'herbes, de pierres &
de terre. Tout ce que ie puis dire,
c'eft que la plufpart de leurs cou-

leurs me ſemblent bien belles, &
bien viues : ie leur ay veu du bleu
ſemblable à noſtre azur, & ie ne
ſçay pas ſi ce n'en eſt point.

Dans le pays des Iroquois, ſçauoir aux Onontagué, il ſe trouue
vne pierre de craye blanche, dont
les Hollandois en ont eſté quelquesfois querir, & ont dit aux
Sauuages que c'eſtoit pour blan-
chir leurs linges.

Au lac Saint François, qui eſt
enuiron quatorze ou quinze lieuës
au deſſus du Mont-Royal, il ſe
trouue vne des belles Cheſnayes
qui ſoit dans le monde, tant pour
la beauté des arbres, que pour ſa
grandeur : elle a plus de vingt
lieuës de long, & l'on ne ſçait pas
combien elle en a de large.

F. I N.

www.ingramcontent.com/pod-product-compliance
Lightning Source LLC
Chambersburg PA
CBHW072024080426

42733CB00010B/1808